Dalla globalizzazione alla tecnocrazia

*Orientamenti di consapevolezza distopica
del Terzo millennio*

Roberto Bonuglia

con prefazione di
Francesco Lamendola

www.larsenedizioni.com
Pubblicato ad Agosto 2022
Codice ISBN: 9798848158106

Progetto grafico: N. Bagnolini

Roberto Bonuglia

Dalla globalizzazione alla tecnocrazia

Orientamenti di consapevolezza distopica del Terzo millennio

INDICE

Prefazione di Francesco Lamendola _________________________ 9

Premessa ____ 15
Nota bibliografica ______________________________________ 21

Il fallimento globale della globalizzazione _______________ 25

1990-2020: i peggiori anni della nostra vita ______________ 29

L'Ue e la globalizzazione: trent'anni di puro vuoto _______ 37

Eric Voegelin, lo scientismo e la deriva _________________ 43
   tecnocratica

Crisi sanitaria: l'*El Dorado* per i soliti noti _____________ 51

Il narcisismo economico e la globalizzazione ___________ 61
   deviata

Dalla *Great Transformation* al *Great Reset*: l'altra _______ 65
   faccia dell'utopia globalista

Le *Dark pools*: il lato oscuro dell'economia 4.0 _________ 73

Identità digitale o passaporto del villaggio globale? ____ 81

Scientismo, super computer e Intelligenza ______________ 89
   Artificiale

Dal transumanesimo all'eutanasia casalinga: ___________ 97
   cybergenetica, intelligenza sintetica, crionica

Conseguenze e impatti delle M&A nella geopolitica ___ 105
   globale

Great Reset, censimento globale, pensiero unico: il ___ 115
   Club di Budapest e le cento scimmie

Il comunismo della sorveglianza e la fine della privacy — 125

L'Iran e le "avanguardistiche" prove di censura del web — 133

L'accesso "condizionato" alle informazioni: il caso di Cuba — 143

Tracciamento e controllo sociale di massa in India — 151

L'avvento dei microchip nel dibattito tra interventismo e laissez faire — 159

La geopolitica dei microchip tra Cina e Afghanistan — 165

Più blockchain e meno bitcoin: Whatever it takes all'italiana — 173

Chipageddon: tra strani monopoli Tech e Piano Intel — 185

Tra Metaverso e Draghistan: il backstage dell'incontro tra Zuckerberg e Draghi — 191

Dall'infodemia alla guerrodemia. Riflessioni sull'uso strumentale dei conflitti nei media — 199

La nuova emergenza: il tifo da stadio nel conflitto russo-ucraino tra bolle epistemiche ed echo-chamber — 207

Postfazione — 219

PREFAZIONE

Lo studio di Roberto Bonuglia *Dalla globalizzazione alla tecnocrazia. Orientamenti di consapevolezza distopica del Terzo millennio* è un lavoro prezioso, che consente al lettore di andare al cuore del problema fondamentale del nostro tempo, fornendo al tempo stesso una panoramica sugli aspetti più vistosi in cui si manifesta il disegno del Nuovo Ordine Mondiale, da quello geopolitico a quello medico-sanitario, a quello finanziario, economico e politico; e ciò con una libertà di pensiero e una capacità di formulare punti di vista "alternativi" che, oggi, sono diventati sempre più rari. Perché Roberto Bonuglia è non solo uno storico di professione, cresciuto alla scuola fondata da Renzo De Felice – e portata avanti da Giovanni Aliberti erede della sua cattedra – quindi con la piena coscienza del doveroso sforzo di obiettività degli studi storici; ma è anche e prima di tutto un uomo che sente con forza il bisogno di verità, un bisogno che non esita a confrontarsi a tutto campo con il reale e che non tiene in alcun conto i pregiudizi consolidati da decenni di storiografia faziosa e partigiana, perennemente prostrata davanti ai luoghi comuni e ai tabù del politicamente corretto, ma che tende al vero con tutte le sue forze, perché lo sente come un bisogno insopprimibile dell'animo; né si darebbe pace se omettesse d'indagare il sia pur minimo aspetto del reale, per quanto snobbato e disprezzato dagli storici politicamente corretti, se ciò offre la prospettiva di completare il quadro d'insieme e d'intendere più in profondità il senso degli accadimenti.

Questo infatti, stavamo quasi per dimenticarcene un po' tutti, è il senso del fare ricerca storica: non "accontentare" le aspettative di questa o quella ideologia e di questo o quel tipo di pubblico, ma ristabilire la verità attraverso la comprensione dei processi profondi e delle forze che talvolta si tengono nell'ombra, lasciando che agiscano in maniera visibile quelle tradizionali, con le quali il pubblico ha familiarizzato da sempre (per fare un esempio, il concetto di Stato sovrano), esse sono assurte al ruolo di veri protagonisti delle vicende internazionali, e possono farlo tanto più agevolmente, quanto più l'opinione pubblica, e gli stessi studiosi, sembrano non essersi neppure accorti della loro capillare, invadente presenza.

Roberto Bonuglia con questo suo studio ci conduce per mano attraverso una serie di scenari distopici, sorprendenti per la loro vastità e complessità, e ci indica i punti precisi in cui guardare con particolare attenzione, senza farci distrarre dagli aspetti secondari: ad esempio, l'impressionante arricchimento dei soliti noti nel corso del trentennio che va dal 1990 a oggi (*I peggiori anni della nostra vita*) e lo speculare, drammatico impoverimento di strati di ceto medio, o di ex ceto medio, sempre più significativi. Così, dalla questione delle multinazionali del farmaco all'onnipotenza della grande finanza, capace ormai di condizionare non solo indirettamente, come faceva un tempo, ma anche direttamente, la vita politica degli Stati, anche attraverso quel cavallo di Troia che sono i grandi organismi sovranazionali, come l'ONU, e degli istituiti privati, ma auto-promossi alla dignità di centrali insindacabili ove si decide il futuro dell'umanità, come il Forum Economico di Davos il lettore si rende conto che nulla di ciò che credeva di sapere poggia ormai su basi solide, che l'intero quadro della realtà ci è stato sottratto e ricostruito sotto i nostri occhi, senza che ce ne avvedessimo. Adesso, però, le cose sono giunte a un punto tale che è quasi impossibile non vedere e non capire, a meno che si scelga – come sembra fare la maggioranza – la via della dissonanza cognitiva: piuttosto che riconoscere la dura realtà nella quale ci troviamo immersi, fingere che tutto prosegua più o meno come prima, e che insomma ci si possa arrangiare in qualche modo e sopravvivere alla meno peggio anche ai radicali mutamenti imposti dalla globalizzazione.

Il libro di Roberto Bonuglia, lucido, implacabile, obiettivo, si rivolge a quanti hanno incominciato a vedere e a capire, e anche a quelli che, pur essendosi finora rifiutati di farlo, avvertono un peso sempre più grande sulle loro vite e un fardello sempre più imbarazzante sulla propria coscienza: ad esempio nel momento in cui leggi inique e incomprensibili impongono alle categorie professionali e lavorative, e agli stessi servitori dello Stato, di agire in maniera difforme dal senso comune e anche, purtroppo, dal più elementare senso etico, per adeguarsi a imperiose direttive che vengono dall'alto e che a tutto sembrano finalizzate, tranne, purtroppo, che al pubblico bene e al vero interesse della nazione.

Dopo aver terminato la lettura dello studio di Roberto Bonuglia ci si sente da un lato più tristi, perché si vedono confermate le proprie peggiori preoccupazioni e ci si rende conto che i propri timori, anche se non condivisi da tanti amici e conoscenti, erano disgraziatamente ben fondati; ma dall'altro più consapevoli e quindi capaci di reagire, di elaborare non solo una strategia di sopravvivenza, ma anche di lotta comune contro i poteri oscuri e per il ritorno ad una società dal volto umano, dove il bene sia ancora e sempre il bene, e non il male travestito da bene, come oggi accade nell'indifferenza o, peggio, nella connivenza e nella complicità di tante, troppe persone. Chiusa l'ultima pagina, insomma, ci si sente frastornati e per certi versi angosciati, ma per un altro verso liberati. Liberati da pericolose illusioni e da patetici tentativi di adeguarsi a un progetto globale talmente inumano e malefico, che molti di noi, ancorché disposti a sottomettersi, non potranno farne parte, per la buona ragione che la loro stessa sopravvivenza non è compresa in esso, anzi è prevista e programmata l'eliminazione di un numero impressionante di esseri umani, sacrificati sull'altare di un tecnicismo e di un dirigismo che si sono concentrati nelle mani peggiori: quelle di chi ha deciso scientemente di servire il male per farsi signore del mondo, in realtà come strumento del vero signore, che non desideriamo nemmeno nominare ma che si sarà ben capito chi sia e a che cosa tenda, da sempre, per odio vero Dio e verso l'uomo.

Roberto Bonuglia fa la diagnosi, non ci offre la terapia: ciascuno di noi è personalmente interpellato a cercare le soluzioni. Ed è giusto che sia così: la condizione, tragica e umiliante, nella quale siamo caduti è stata resa possibile dalla massificazione della società; pertanto non risaliremo la china se non ritroveremo la forza e la capacità di porci come soggetti liberi e razionali, davanti agli altri e davanti a noi stessi.

Francesco Lamendola

PREMESSA

«Voi correte... Ma dove correte?
Non sapete dove andare e ci volete arrivare di corsa».
Remo Remotti, *Il Tempo*, in *Canottiere*, ConcertOne, 2005.

«Ci hanno dato tutto, ci hanno tolto tutto.
Poi ci hanno detto: "Lascia un commento"»
Coma_Cose, *Mancarsi*, in *Hype Aura*, Asian Fake, 2019.

Nell'ormai lontano 1965 in un volume collettaneo edito a Boston si esponeva un'analisi della società democratica occidentale molto originale[1]. Essa veniva considerata come una particolare forma di totalitarismo che – a dispetto delle tecniche sofisticate e dei modi di essere apparentemente tolleranti – si stava sempre più permeando di una cruda volontà di repressione.

Nulla di nuovo a dire il vero poiché, già nel 1952, Jacob Leib Talmon aveva mostrato con quale facilità una costellazione di ideali – per definizione democratici – possa invece trasformarsi in un rigido sistema di coercizione[2].

Entrambi gli approcci si originavano da un quesito certamente originale per quei tempi e volutamente provocatorio: può una società democratica nascondere, sotto la sua maschera, un così atroce inganno? Può – diremo noi oggi –, una democrazia trasformarsi in democratismo tanto da caratterizzare un "regime democratico" degli stessi eccessi insiti in una realtà totalitaria?

La risposta non è facile. Certo, attualizzando ai nostri tempi l'approccio metodologico dei volumi citati qualche riflessione merita di essere fatta. Partiremo da un dato inconfutabile: oggi

---

[1] R.P. Wolff, B. Moore Jr., H. Marcuse, *A Critique of pure tolerance*, Boston, Beacon Press, 1965.

[2] J.L. Talmon, *The Origins of Totalitarian Democracy*, Londra, Secker & Warburg, 1952.

la globalizzazione e il connesso neoliberismo hanno liquidato l'intera cultura di tradizione umanistica.

È stata interrotta la *traditio*, termine che identifica da sempre la trasmissione, il passaggio del testimone da una generazione all'altra: «Non c'è più Olimpia, Atene è stata sostituita da Francoforte» e «il deserto culturale, la socializzazione della cultura, sono funzionali alle necessità d'una tecnica economica distante ormai anni luce dai postulati classici dell'economia politica»[3].

E così la nostra società – piuttosto che l'ambito espressivo del libero gioco di interessi e di tensioni –, ci appare come una sorta di firmamento, riflesso di un ordine predisposto, le cui singole stelle e costellazioni rispondono alla forza di una legge ineluttabile, nella quale la persona non ha voce.

Gli "strani giorni" – per dirla provocatoriamente con Battiato – che stiamo vivendo rivelano il predominio della concezione politica hegeliana e marxista: entrambe, infatti, avevano in dispregio la realtà concreta dell'individuo tanto da rendere le forme storiche in cui ieri si svelavano, vere e proprie varianti *de facto* di un'unica sostanza totalitaria, indipendentemente dal tipo di ordinamento che oggi esprimono sia esso "totalitario" o "democratico".

Era questo, in estrema sintesi, l'assunto centrale delle tematiche care a Eric Voegelin – dimenticato, ma non da tutti, maestro di filosofia e lettore dei "nostri" tempi – che nei suoi scritti spiegò bene quanto «in questa società massificata quel che manca è proprio... la consapevolezza dell'individuo»[4]. Un individuo, in altre parole, che pensa di poter aver un ruolo attivo nei processi decisionali ma che, invece, lo è solo in un susseguirsi scenografico di metodi di rappresentazione – in qualunque forma essi si

---

[3] P. Simoncelli, intervento al Convegno *Oltre Salerno. Benedetto Croce, Ignazio Silone e la loro attualità politica*, del 28 settembre 2014, ora in G. Di Leo, *Atti del Convegno di Pescasseroli e Pescina*, Roma, Aracne, 2015, p. 162.

[4] G.F. Lami, *La riforma della rivoluzione*, in E. Voegelin, *Caratteri gnostici della moderna politica economica e sociale*, Roma, Astra, 1980, p. 19.

palesino, dalle tradizionali elezioni a quelle virtuali –, previsioni legislative, regolamentazioni amministrative, assistenza e tutela statale.

Non a caso, più sono perfetti i meccanismi per il movimento dell'intero quadro istituzionale – oggi resi tali da realtà sovranazionali come l'UE e dal cosiddetto "turbocapitalismo" monolitico – tanto minore risulta la possibilità di una partecipazione effettiva, dal basso, non manipolata, dismessa – con boria da buona parte di sociologi, politologi, economisti e quanti altri allineati e inglobati nella matrix democratista – come proposta anacronistica, se non risibile.

In tal senso, la figura dell'intellettuale rappresenta la cartina di tornasole della deriva delle nostre società: l'uomo colto, il sapiente, il filosofo, finisce per essere fagocitato nel complesso organismo di cui si è detto svolgendo, per esso, una funzione tra le tante ben lontana dalla mission platonica di "uscire dalla caverna". Da ciò, già nel 1977, Norberto Bobbio aveva messo in guardia: ancor prima dell'entrata in scena dei palcoscenici mediatici delle TV private e del social web egli aveva previsto quanto sarebbe stato inevitabile per l'intellettuale assumere, magari inconsapevolmente, un ruolo funzionale al potere fino a divenirne un efficace strumento di razionalizzazione[5].

La destoricizzazione della cultura e la fine dello Stato nazionale hanno velocizzato e incoraggiato tutto ciò. Ed il risultato è piuttosto paradossale: il "concetto" ha sostituito le cose e i rapporti concreti, l'"individuo" la persona, la "personalità" le sue caratteristiche, lo "Stato" l'equilibrio precario delle forze collettive, la "Chiesa" e la "religione" hanno surrogato ogni interiorità che non si disponga sul piano di una morale convenzionale. Tutto, dunque, «risponde alle esigenze di un ordine prestabilito, che è la sola garanzia di vita societaria»[6].

Il caso italiano fornisce un irrinunciabile esempio di questo pa-

---

[5] N. Bobbio, *Gli intellettuali ed il potere*, in «Mondoperaio», del novembre 1977, pp. 63-72.

[6] G.F. Lami, *La riforma della rivoluzione*, cit., p. 39.

radosso: oggi è molto più difficile svolgere un ruolo etico positivo rispetto all'Italia tra le due guerre. La storia della censura del secondo dopoguerra rivela – a chi voglia leggerla senza pregiudizi ideologici né derive revisionistiche – una triste verità: «Togliamoci dalla testa l'idea che, finito il fascismo, finita la guerra, sia finita l'attività censoria di controllo della libertà di espressione»[7].

Anzi, tutt'altro: a differenza di Trotskij a Mosca e degli Strasser a Berlino, è stato molto più semplice per Benedetto Croce avere un ruolo più politico che filosofico durante il Ventennio – pubblicando indisturbato le annate de "La Critica", stilando "Manifesti" e dirigendo egocentricamente il catalogo delle edizioni Laterza – che per Arrigo Cajumi scrivere su "Il Mondo" un articolo sulle responsabilità di Don Benedetto davanti al fascismo, per Gioacchino Volpe difendersi dall'epurazione antifascista ai Lincei o per Renzo De Felice condurre placidamente i suoi studi su Mussolini qualche anno dopo.

E l'elenco potrebbe continuare rievocando «la costante, aggressiva corrosione dell'idealismo da parte della cultura comunista del dopoguerra da "Rinascita", a "Società", al "Contemporaneo"» nonché i «micidiali interventi censori dell'apparato editoriale comunista, fin dalla prima edizione dei "Quaderni" di Gramsci, o alle becere interdizioni democristiane di accesso a "libri proibiti"»[8].

Quale la premessa, la radice di tale paradosso? La risposta è rinvenibile nelle pagine ancora attuali di Theodor W. Adorno e Max Horkheimer sul potere contemporaneo che si è imposto nel secondo dopoguerra "senza fretta ma senza tregua" ricorrendo «attraverso i Mass Media a un'azione "preventiva" di condizionamento che abituando l'individuo ad una ricezione passiva e meccanica dei messaggi, gli introgetta un'immagine predeterminata, univoca ed asettica della realtà che "lo persuade" ad adottare un tipo di linguaggio e di comportamento impersonale

---

[7] P. Simoncelli, intervento al Convegno *Oltre Salerno. Benedetto Croce, Ignazio Silone e la loro attualità politica*, cit., p. 162.

[8] *Ivi*, p. 161.

e stereotipato, con l'effetto finale di inibirgli sia le funzioni immaginative che quelle critico-riflessive»[9].

Una persuasione, quindi, non meno violenta della forza coattiva ma molto più sottile, paralizzante, insidiosa e inattaccabile che fa della democrazia un democratismo il quale trae la sua linfa vitale nel determinismo di derivazione marxista che rigetta, per sua natura, qualsiasi intellettualità o filosofia.

Destrutturata la cultura, insomma, il "marxiano" 2.0 viene usato «indiscriminatamente a fini demagogici e di potere, senza mai contare gran che nella pratica di una decisione politica» trasformando gli epigoni dei censori del secondo dopoguerra in "gerarchi" del pensiero unico, «mezze-figure, capipopolo senza scrupolo dediti esclusivamente alla soddisfazione di ambizioni insaziabili e al proprio tornaconto personale»[10].

Figure deprecabili, certo, ma che purtroppo confermano, non a caso, l'assunto di Voegelin secondo il quale «ogni società riflette nel suo ordine il tipo di uomo del quale si compone»[11].

Per segnare il passo in controtendenza e al fine di fornire un contributo «modesto, ma genuino»[12] raccolgo qui alcuni articoli – editi e inediti – scritti in questi ultimi due anni. La maggior parte dei primi è apparsa sul web: motivo per il quale pare utile metterli, in omaggio alla tradizione, nero su bianco «in picciol campo di ristretto foglio»[13] – per dirla con Gaspare Gozzi – al fine di fissare, condividendole, le risultanze del lavoro di ricerca svolto.

Roberto Bonuglia

---

[9] T.W. Adorno, M. Horkheimer, *Dialettica dell'illuminismo*, Torino, Einaudi, 1966.

[10] G.F. Lami, *La riforma della rivoluzione*, cit., p. 16.

[11] E. Voegelin, *Die Neue Wissenschaft der Politik*, Monaco, Anton Pustet, 1959, pp. 93-95.

[12] F. Ulivi, *Galleria di scrittori d'arte*, Firenze, Sansoni, 1953, p. 184.

[13] A. Dalmistro, *Opere del conte Gasparo Gozzi viniziano*, vol. XV, Padova, Tipografia e Fonderia della Minerva, 1820, p. 293.

NOTA BIBLIOGRAFICA

Titoli originali degli articoli editi e ora aggiornati e raccolti nel presente volume:

Il fallimento globale della globalizzazione, in «Il Pensiero Forte», del 27 maggio 2020. *Dal mostro globale al Covid?*, in «Quaderni Culturali delle Venezie» dell'Accademia Adriatica di Filosofia "Nuova Italia", del 25 maggio 2020. *L'UE e la globalizzazione: trent'anni di puro vuoto*, in «Il Pensiero Forte», del 15 aprile 2020. *Focus Pandemia/1.Eric Voegelin, lo strapotere degli esperti-scienziati e il Coronavirus*, in «Barbadillo», del 6 maggio 2020. *Covid El Dorado dei soliti noti*, in «Quaderni Culturali delle Venezie» dell'Accademia Adriatica di Filosofia "Nuova Italia", del 18 luglio 2020. *La deriva narcisistica dell'economia e la globalizzazione deviata*, in «Pensiero Forte», del 5 agosto 2020. *Great Reset e utopia globale*, in «Quaderni Culturali delle Venezie» dell'Accademia Adriatica di Filosofia "Nuova Italia", del 1° dicembre 2020. *Alla faccia della concorrenza: le Dark Pools delle banche globali*, in «Ora Zero», dell'8 ottobre 2021. *Passaporto vaccinale o documento d'identità del villaggio globale?*, in «Corriere delle Regioni», del 18 aprile 2021. *Il vaccino, il supercomputer e l'Intelligenza Artificiale*, in «Il Corriere delle Regioni», del 22 giugno 2021. *Great Reset o nuovo Big Bang?*, in «Il Corriere delle Regioni», dell'8 luglio 2021. *Il Club di Budapest e le cento scimmie*, in «Il Corriere delle Regioni», del 23 giugno 2021. *Il Lockdown tra fine della privacy e comunismo della sorveglianza*, in «Il Corriere delle Regioni», del 18 luglio 2021. *Ancora brutte notizie dall'Iran: verso la censura del web*, in «Ora Zero», del 30 luglio 2021. *Comunismo e censura: riflessioni sulla crisi cubana*, in «Il Corriere delle Regioni», del 30 luglio 2021. *Un insolito Ferragosto in India*, in «Il Corriere delle Regioni», del 14 agosto 2021. *Cronache dal Draghistan*, in «Il Corriere delle Regioni», del 21 dicembre 2021. *Ultime dal Draghistan: dal Green Pass al microchip*, in «Il Corriere delle Regioni», del 28 dicembre 2021. *Tra Metaverso e Draghistan: il backstage dell'incontro tra Zuckerberg e Draghi*, in «Il Corriere delle Regioni», del 7 maggio 2022. *Dall'infodemia alla guerrodemia*, in «Il Corriere delle Regioni», del 2 maggio 2022. *La nuova pandemia: il tifo da stadio nel conflitto russo-ucraino*, in «Il Corriere delle Regioni», dell'8 aprile 2022.

Il fallimento globale della globalizzazione

Nel giugno 1996, in occasione dell'*International Labour Conference*, Jacques Chirac pronunciò un discorso che oggi pochi ricordano: *The Economy Must Be Made to Serve People*. Espresse tutti i suoi dubbi sulla globalizzazione, preoccupato che non stesse affatto migliorando «la vita di coloro che hanno maggiormente bisogno dei benefici che essa aveva promesso».

Non solo i timori del *leader* conservatore francese erano fondati, ma è successo di peggio: della globalizzazione si sono giovati proprio coloro che non avevano bisogno di migliorare la propria condizione. Oggi, "grazie" alla crisi sanitaria e alle sue conseguenze, quasi tutti hanno capito che qualcosa è andato terribilmente storto. Era ora.

La globalizzazione non ha ridotto la povertà mondiale, l'ha aumentata e re-distribuita tramite le ondate migratorie controllate delle ONG e caldeggiate dal buonismo *radical chic*. Essa non ha nemmeno assicurato la stabilità del capitalismo finanziario – nel frattempo fattosi "turbocapitalismo" neoliberista – visto che le crisi dell'Asia e dell'America Latina sono poi arrivate, con i loro effetti negativi, anche in Europa e in Nord America.

Non va meglio se consideriamo la globalizzazione come fattore propulsivo di passaggio all'economia di mercato per quelle "in transizione": l'Occidente era persuaso che il nuovo sistema economico avrebbe portato una prosperità senza precedenti. Senza precedenti, invece, è stata la povertà in cui tutti siamo sprofondati.

Sotto molti aspetti, per gran parte della popolazione, l'economia di mercato si è dimostrata addirittura peggiore di quanto avessero previsto i *leader* comunisti: il contrasto fra la transizione della Russia, manovrata dalle istituzioni economiche internazionali, e quella della Cina, gestita invece internamente, lo conferma. Nel 1990 il PIL cinese era il 60% di quello russo; alla fine del decennio le cifre si sono invertite. La povertà in Russia è dilagata, in Cina è scesa a livelli senza precedenti.

La globalizzazione che avrebbe dovuto creare un "nuovo mondo" fatto di solidarietà, cooperazione e sviluppo si è risolta, invece, in una dittatura internazionale dei mercati. Gli egoismi finanziari delle élite finanziarie hanno fagocitato la nobile *mission* della politica, quella di intervenire per sanare gli squilibri attraverso interventi correttivi che sono stati, ovviamente, demonizzati dai "meccanismi di stabilità". *Deregulation* da una parte (quella finanziaria) e vincoli rigidi ai bilanci nazionali hanno reso le banche le "braccia armate" di questo sistema. Quelle occidentali, infatti, hanno tratto vantaggio dall'attenuazione dei controlli sui mercati finanziari in America Latina e in Asia, ma queste regioni hanno subito un contraccolpo quando improvvisamente si è interrotto l'afflusso di capitali vaganti provenienti da operazioni speculative a cui certi Paesi erano abituati. Il brusco deflusso di denaro ha provocato il tracollo di alcune valute e l'indebolimento dei sistemi bancari che ha finito per interessare anche i Paesi non abituati a questi *shock*.

Tutto ciò – e molto altro – è successo col benestare delle tre principali istituzioni che hanno governato la globalizzazione: il FMI, la Banca mondiale e il WTO. Nessuno dei loro *leader* – pur essendo esse "istituzioni pubbliche" – è stato mai eletto dai cittadini di nessun Paese. Nessuno alla loro guida, insomma, ha mai dovuto rispondere all'opinione pubblica internazionale o nazionale dei Paesi di provenienza. Ciò, invece di garantire a tali organismi una certa "apertura", ha spinto nella direzione diametralmente opposta, rendendo la loro azione sempre meno "trasparente".

Questa *troika* avrebbe dovuto sovrintendere i processi dell'ultimo trentennio similmente a quanto fecero i governi nazionali guidando quelli di nazionalizzazione. Ma non lo hanno fatto, anzi. Hanno realizzato un sistema di *governance globale* nel quale *poche istituzioni* e *pochi protagonisti* – la finanza, il commercio e i ministeri del Commercio, strettamente legati a interessi finanziari e commerciali ben precisi – hanno dominato incontrastati la scena, mentre *molti* di coloro che ne subiscono le decisioni non hanno mai avuto voce in capitolo.

L'unico ambito in cui la globalizzazione non ha fallito, dunque, è stato quello di aggirare ogni forma di rappresentatività – linfa vitale ogni democrazia che possa definirsi come tale – soprattutto se letta nella concezione elaborata dal fondatore del diritto pubblico italiano, Vittorio Emanuele Orlando. Secondo il giurista, infatti, ogni elezione avrebbe dovuto essere «una designazione di capacità: un gruppo ristretto di elettori indicava quelli che riteneva capaci di gestire problemi collettivi. Chi votava sceglieva non solo *kratos*, ma anche *aretè* ed *episteme*, non solo forza, ma anche virtù e competenza»[1].

La globalizzazione, *de facto*, ha reciso ognuna di queste radici. E non è stato certo un caso.

---

[1] Cit. in S. Cassese, *Correzioni epistocratiche della democrazia*, prefazione a J. Brennan, *Contro la democrazia*, Roma, Luiss University Press, 2018, p. 11.

1990-2020: i peggiori anni della nostra vita

1990-2020: abbiamo vissuto gli ultimi trent'anni in un contesto profondamente segnato, nostro malgrado, dalla trasformazione del pianeta in un «villaggio globale»[1]. Esso ha definitivamente sostituito lo Stato-Nazione uscito sconfitto dal secondo conflitto mondiale comportando una serie di conseguenze politiche, economiche e sociali alle quali nessuno si è potuto sottrarre: «lo sviluppo di un diritto internazionale che ha svuotato quelli costituzionali dei singoli Stati; la demonizzazione dell'identità nazionale; la destoricizzazione della cultura correlata allo Stato-Nazione, liquidata dalla globalizzazione e dal connesso neoliberismo; l'allontanamento della tecnica economica dai postulati classici dell'economia pubblica; la nascita e la crescita anabolizzante di una particolare forma di ordine mondiale a carattere classico basato sulla divisione e sulla contrapposizione tra due blocchi principali attraverso la Guerra Fredda»[2] e, infine, una volta superata questa, la sostituzione «nella comunicazione politica, nel linguaggio dei media, fino al recepimento subliminale di massa» del termine *liberalismo* con quello *liberal*: «acritica moda

---

[1] M. McLuhan, *Understanding Media: The Extensions of Man*, New York, Signet Books, 1964.

[2] R. Bonuglia, *Chi ha perso, davvero, la seconda guerra mondiale?*, in «Quaderni Culturali delle Venezie» dell'Accademia Adriatica di Filosofia "Nuova Italia", del 22 aprile 2020.

semantica, emblema di fuorvianza culturale e confusione delle lingue»[3].

L'utopica ubriacatura globalista e neoliberista è stata ben congeniata: pianificata al dettaglio e alimentata *ad hoc* da un vortice di sviluppi scientifici e tecnologici volti a dimostrare il "lato positivo" del progresso, infondendo – nell'uomo contemporaneo – l'illusorio ottimismo derivante dalla potenzialità "del fare". Tutto era possibile: scavare il sottosuolo, coltivarne la superficie, assoggettare la materia a bisogni illimitati e «superare ogni giorno i confini raggiunti in quello precedente»[4]. Peccato che lo fosse solo per un'élite che raggiungeva i propri scopi – impadronendosi dei tre quarti della ricchezza mondiale schiavizzando sette miliardi e mezzo di persone[5] – a danno del "resto del mondo" lasciato in pasto all'illusione di poterlo fare.

Ciò era coerentemente in linea col ciclo iniziato con la demonizzazione del Medioevo nel Rinascimento quando la nuova filosofia proclamò l'uomo "centro del mondo", proseguendo nel Seicento con la rivoluzione scientifica, nel Sette-Ottocento con quella industriale, nel Novecento con i più strabilianti successi dalla scienza e della tecnica: dalla radio alla Tv, dalla lavatrice allo "sbarco sulla Luna" nascondendo, però, il lato oscuro di tutto ciò emerso a Hiroshima e Nagasaki, a Chernobyl, alla *Great Pacific Garbage Patch*, alla *Mississippi Dead Zone*, a Seveso nel 1976 o nell'impiego dei proiettili all'uranio impoverito durante la guerra in Kosovo.

La dimensione individuale dello "scientismo" e delle sue

---

[3] P. Simoncelli, intervento al Convegno *Oltre Salerno. Benedetto Croce, Ignazio Silone e la loro attualità politica*, cit., pp. 162-163.

[4] M.L. Salvadori, *Le inquietudini dell'uomo onnipotente*, Roma-Bari, Laterza, 2003, p. 3.

[5] F. Lamendola, *La banale semplicità del sistema che ci schiavizza*, in «Quaderni Culturali delle Venezie» dell'Accademia Adriatica di Filosofia "Nuova Italia", del 7 ottobre 2019.

conseguenze sociali[6] avrebbe dovuto generare sicurezza e potenza. Il *sottile filo rosso* che legava questo processo era l'idea di eguaglianza della quale Rousseau aveva fatto il cardine del suo pensiero. Ci si è illusi di poterla mettere in pratica in un mondo finalmente "collegato" e "globalizzato" ma, in realtà, "uniformato" e "unipolare" nel quale ognuno potesse essere libero di muoversi, realizzarsi, emanciparsi dalle disuguaglianze. Un'illusione, appunto.

Il buonismo *radical chic* ha trionfato assurgendosi – esso stesso – a ideologia della globalizzazione. Un "altro mondo è possibile", dicevano. Ma, qualcosa è andato storto. Almeno a giudicare dalle inquietudini preesistenti e progressivamente cronicizzate dalle persone, nel frattempo diluite in una società massificata nella quale è venuta meno «la consapevolezza dell'individuo»[7] a favore di una ristretta cerchia di persone che, invece, *più che consapevolmente* hanno diretto tale processo.

E così, le inquietudini si sono incarnate in qualcosa di invisibile, ma tangibile nelle sue conseguenze: un virus che ha segnato *de facto* il cambiamento, la cesura, l'interregno – gramscianamente inteso come «una fase solo apparentemente di *caos* a cavallo tra un mondo che muore ed un mondo nuovo che nasce»[8] – mettendo a nudo tutte le contraddizioni che nessuno voleva vedere, alienato com'era, proprio da quelle scoperte tecno-scientifiche che hanno connesso ognuno di noi al "simbolo della libertà 2.0": il web. Che non a caso, a dispetto di quanto massicciamente veicolato dalle pubblicità, rimane essenzialmente la traduzione inglese di una parola inquietante: ragnatela.

Quella, cioè, in cui la massa è caduta nell'ultimo tren-

---

[6] R. Bonuglia, *Dall'onnipotenza all'inquietudine: l'inganno della globalizzazione*, in «Pensiero Forte», del 29 aprile 2020.

[7] G.F. Lami, *La riforma della rivoluzione*, cit., p. 19.

[8] Cfr., R. Graziani, *Orientamenti per essere l'Alternativa*, in Canale Youtube «Rainaldo Graziani», [minuto 5:15/5:40].

tennio distratta dalla "libertà" di fare chiamate e mandare messaggi illimitatamente, di scaricare gratuitamente tutte le *app* che si ritenevano indispensabili per affrontare le sfide quotidiane, per organizzare il nostro *ménage*. "Life is NOW", insomma, dove l'ultimo termine risulta essere anche il pericoloso acronimo di New Order World.

Ma «l'essenziale è invisibile agli occhi»[9]. E lo è tal punto che nessuno o quasi ha capito ciò che stesse avvenendo: gli ordinamenti politici e giuridici sono stati *bypassati* dalla rivoluzione neoliberista che inesorabilmente ha creato un *Moloch* graniticamente difeso da élite mondialiste che ormai nemmeno si nascondono più: George Soros, Bill Gates e soci ormai rilasciano interviste, pubblicano libri, finanziano progetti di ricerca e di strategia, fanno simulazioni di ciò che faranno accedere quando riterranno propizio il momento. Pochissime e isolate le voci di chi andava in controtendenza, messe all'angolo dall'astuta "guerra culturale" neoliberista sapientemente organizzata in tre fasi: l'iniziale silenzio tombale che circonda le iniziative dei "non allineati"; la successiva demonizzazione o ridicolizzazione degli stessi e, infine, la sottrazione del pensiero forte al legittimo proprietario decentrando e banalizzando il primo privando, così, il secondo dello stesso[10].

Si è consumato, quindi, un processo irreversibile: il passaggio dalla *democrazia* al *democratismo* ed il regime democratico che ha trasformato «la sua costellazione di ideali, per definizione democratici, in un rigido sistema di coercizione»[11]. Arginata ogni "alternativa" ad esso, «ogni impulso, ogni fremito sociale» ha finito per trovare una «naturale composizione nella straordinaria capacità di assorbimento

---

[9] A. De Saint-Exupéry, *Il Piccolo Principe*, Milano, Bompiani, 2013, p. 98.

[10] Cfr., R. Graziani, *7 - Dughin in tour: guerra culturale fuori onda*, in Canale Youtube «il reporter indignato», [min. 8:18/ 10:05].

[11] Cfr., J. L. Talmon, *The Origins of Totalitarian Democracy*, cit.

del "tutto"», una sorta di *blob* che ha risposto «alla forza di una legge ineluttabile, nella quale l'individuo non ha voce»[12].

Inevitabile, in tal senso, il richiamo all'assunto centrale della tematica di Eric Voegelin secondo il quale non solo la concezione politica *hegeliana*, ma anche quella *marxista*, abbiano da sempre in dispregio la «realtà concreta dell'individuo», cosicché le forme storiche in cui si sono attuate siano state, in realtà, varianti di un'unica sostanza totalitaria, poi espressa *molto bene* dal neoliberismo sviluppatosi prima, durante e dopo la loro affermazione come sistema "unipolare" che non ammette critiche.

Lungi dal tendere alla perfezione, di conseguenza, la società in cui abbiamo vissuto finora si è rivelata per quello che era: «criminale nel senso che produce crimine e anticrimine in una spirale senza fine dove economia legale e illegale si fondono in un modello unico»[13]. Un *modello unico* dominato da un *pensiero unico* impostosi dal 1989 ad oggi. Non a caso, il motto che per tre lunghi secoli fu *Liberté, Egalité, Fraternité* è stato rimpiazzato da *Globalité, Marché, Monnaie*, ossia "Globalità, mercato, moneta": una «nuova, magica triade che ha marcato [...] il dorato trentennio della globalizzazione [...] opera prevalente degli "Illuminati" [...] tutti impegnati a costruire un mondo nuovo sviluppato fuori dai confini nazionali, sulla *rete universale*»[14].

E mentre il neoliberismo si globalizzava, la modernità si è imposta «strutturalmente disordinata e degenerativa, per-

---

[12] G.F. Lami, «*1978 – Anno LVI E.F.*». *Premessa a una lettura di Eric Voegelin*, in AA.VV., *Trascendenza e gnosticismo in Eric Voegelin*, Roma, Astra, 1979, p. 26.

[13] M. Carlotto, *Il noir mediterraneo. Elogio di Jean-Claude Izzo*, in J.C. Izzo, *Aglio, meta e basilico. Marsiglia, il noir e il Mediterraneo*, Roma, edizioni e/o, 2007, p. 13.

[14] G. Tremonti, *La strada per uscire dalla crisi*, in «Corriere della Sera», del 15 marzo 2020.

ché in essa viene colpito al cuore ogni principio gerarchico e le forze centrifughe, originate dagli egoismi individuali, prendono via via il sopravvento sulle forze centripete, che nascono dalla disponibilità di ogni membro e di ogni classe a farsi docile strumento per il bene di tutti e di ciascuno»[15].

Le scuole politiche del Secolo Breve furono animate, è noto, «da un fanatico spirito millenaristico di matrice politica» rappresentando «i tipi più puri di fiducia estrema nel futuro, in quanto persuasi di poter far nascere i loro millenni direttamente dalla prassi terrena guidate dalle proprie ideologie»[16]. Peccato che siano state, una dopo l'altra, soppiantate proprio dal neoliberismo che, di esse, ha conservato solo la propensione al progresso dell'umanità realizzandola, però, solo entro *il vertice della piramide* che dirigeva il progetto.

Quale? Quello di aumentare nell'individuo massificato il *climax* di una serie di difficoltà: la possibilità di intravedere gli effetti dei processi in atto, l'incapacità di dominarli, la debolezza di fronte alle prospettive di abbandonare percorsi consolidati dati i costi di vario genere che ciò comporterebbe. Altro che sicurezza e potenza: si è diffusa, invece, una generale incertezza sulle direzioni da seguire e sui mezzi da dispiegare anche quando ormai è chiaro che bisognerebbe voltare pagina.

L'umanità di consumatori di illusioni – creata esercitando su essa la forza della *persuasione*, non meno violenta di quella *coattiva* ma «per di più sottile, paralizzante, insidiosa e inattaccabile»[17] – pensa di poter aver un ruolo attivo nei processi decisionali ma, invece, ad essa è riservato solo un susseguirsi scenografico di metodi di rappresentazione

---

[15] F. Lamendola, *Stiamo vivendo la fine di un ciclo e forse della storia*, in «Quaderni Culturali delle Venezie» dell'Accademia Adriatica di Filosofia "Nuova Italia", del 24 maggio 2020.

[16] M.L. Salvadori, *Le inquietudini dell'uomo onnipotente*, cit., p. 9.

[17] G.F. Lami, «*1978 – Anno LVI E.F.*», cit., p. 37.

che le danno l'idea di scegliere (dalle elezioni tradizionali ai televoti) senza, in realtà, farlo mai.

O facendolo male, divenendo paradossalmente «sostegno e difesa, guardiani e tutori»[18] dei propri carnefici, come quando «nel giro di 24 ore, la polizia brasiliana, su mandato della magistratura ha arrestato e scarcerato il vice-presidente di Facebook America Latina, l'argentino Diego Jorge Dzodan»[19], dopo il reiterato diniego dell'azienda di Palo Alto di collaborare col governo che aveva richiesto l'«accesso ai dati di alcuni utenti che, secondo quanto aveva riportato la stampa, erano coinvolti in un cartello criminale»[20]: l'oscuramento dei *social* provocò le proteste di milioni di utenti obbligando il tribunale a tornare sui suoi passi. Esattamente come, qualche mese prima, l'Apple si rifiutò di collaborare con l'FBI nella cattura di Syed Farook[21]: prevalse un'azienda transazionale su uno Stato-Nazionale e l'indissolubilità della dipendenza dai *social*, nella gente, preponderò sull'esigenza di assicurare alla giustizia dei criminali. Una massa, insomma, che sceglie Barabba piuttosto che spezzare le catene virtuali in cui è avviluppata.

Che oggi ci si trovi di fronte a qualcosa di nuovo è evidente. Che ci si trovi all'abbrivio di un'era infinitamente migliore – tanto da dare all'uomo la pace un crescente benessere spirituale e materiale in ossequio a quanto fin qui promesso da tutte le ideologie avvicendatesi –, lo sembra molto meno.

---

[18] Cfr., R. Graziani, *Orientamenti per essere l'Alternativa*, cit., [minuto 32:05/34:36].

[19] L. Simoncelli, *Brasile, la guerra tra Narcos si è spostata sui social*, in «Wired», del 4 marzo 2016.

[20] T. Toniutti, *Facebook: arrestato in Brasile il n.2 per l'America Latina. Il social: "decisione estrema e sproporzionata"*, in «Repubblica», del 1° marzo 2016.

[21] F. Cella, *Strage San Bernardino, Apple si oppone all'Fbi: «Non vogliamo forzare l'iPhone dell'attentatore»*, in «Corriere della Sera», del 17 febbraio 2016.

L'Ue e la globalizzazione: trent'anni di puro vuoto

«Parole, parole...» Mina raccontava così una storia d'amore che si trascinava vuota e senza passione nella primavera 1972. Un *leitmotiv* preso a prestito, a dire il vero, dal «Words!, Words!, Words!» col quale Amleto descriveva a Polonio un libro senza contenuto, privo di concretezza che sfogliava annoiato quando, al secondo atto, entrava in scena.

Un amore spento, una lettura noiosa. É ciò che l'Ue ha rappresentato per i Paesi più colpiti dalla crisi sanitaria della primavera 2020. Di fronte alla quale le divisioni, i burocratismi, le inefficienze di Bruxelles hanno mostrato il vero volto dell'Unione: un'eterna Arcadia nella quale seducenti versi contano più delle gioie e degli affanni con cui ci incalza la vita.

Da trent'anni l'elefantiaca accozzaglia di tecnocrati mette perennemente in scena un balletto verbale, in cui – per dirla con Claudio Magris – «le parole fluttuano, ondeggiano si gonfiano e svaporano come bolle di sapone, trapassano l'una nell'altra come figure di danza, impalpabili come un velo che tuttavia cela impenetrabile la realtà e impedisce di vedere cosa c'è dietro o illude che dietro ci sia qualcosa, mentre talora non c'è nulla»[1].

---

[1] C. Magris, *Aziendalismo universale*, in «Corriere della Sera», del 22 dicembre 1999, ora in Id., *La storia non è finita. Etica, politica, laicità*, Milano, Garzanti, 2008, p. 143.

Le riunioni dell'Ue eccellono in questo "spumeggiare evanescente", in questa cortina di fumo senza arrosto. Nessuna risposta tempestivamente concreta è stata fornita alla tragedia sanitaria deflagrata, nessun provvedimento utile è stato opportunamente varato. Il motivo di questo mancato appuntamento con la Storia non deve stupire, poiché rappresenta l'inevitabile punto di arrivo per l'Ue realizzata e impostaci in questi *trent'anni di globalizzazione*.

L'Unione, a ben guardare, è divenuta sempre più un consesso di oligarchi che si sono autonominati in base al censo e alla classe sociale: la distanza tra il Parlamento e il Consiglio è cresciuta a dismisura e nettamente in favore del secondo che ha svuotato il primo. Il principio di rappresentanza è stato soppiantato dal verbo di un'élite affaristico-finanziaria che – come rilevato da Noam Chomsky – «in nome della globalizzazione dei mercati aspira a trasformare il mondo in un'immensa "fabbrica di profitti", a beneficio di una ristretta cerchia di eletti»[2].

É stato il neoliberismo economico affermatosi in questi anni e non le tornate elettorali tenute nel Vecchio Continente a selezionare le classi dirigenti. Il potere ha cessato da tempo di risiedere nelle aule fisiche dei governi – che siano nazionali o europei non v'è più differenza – ma in un *Deep State* la cui Costituzione contempla solo due articoli: «La nostra è una società fondata sul profitto» il primo; «Tutti gli uomini sono uguali, ma i ricchi sono più uguali degli altri» recita il secondo, mutuato dalla *Fattoria degli animali* di George Orwell.

D'altra parte, la liberalizzazione dei movimenti di capitali è un'arma straordinaria contro il contratto sociale di rousseauiana memoria. Può essere usata con estrema efficacia per rendere vano ogni sforzo dei poteri pubblici di promuovere delle misure sociali come quelle che servireb-

---

[2] N. Chomsky, *Così va il Mondo*, Milano, Piemme, 2017, p. 12.

bero oggi più di ieri. Ne scrisse nel 1998 lo stesso Chomsky su *Le Monde Diplomatique*: «Se uno Stato cerca di stimolare la propria economia o di aumentare la propria spesa sanitaria, questo comportamento può essere prontamente punito con la fuga dei capitali. É la mobilità finanziaria che ha fatto nascere [...] un "Senato virtuale", fatto di manager a cui basta un semplice trasferimento di fondi per decidere in realtà della politica sociale ed economica»[3].

Come siamo arrivati a tutto questo? Con la *deregulation* di Ronald Reagan, certo. Con le riforme neo-liberiste di Margaret Thatcher, senz'altro. Con la globalizzazione realizzata dalle multinazionali che ha devastato i Paesi del Sud del mondo e demolito lo Stato sociale in quelli del Nord, non c'è dubbio.

Ma questi sono effetti e non cause della situazione che stiamo vivendo, frutto di un equivoco molto più profondo: le democrazie rappresentative hanno come presupposto del loro funzionamento una costante opera di selezione - a livello di società civile - dei bisogni materiali e spirituali della collettività, degli ideali che una comunità persegue e del personale politico che la rappresenta.

Laddove questo meccanismo di selezione si inceppa, la democrazia rappresentativa - nazionale o sovranazionale - non funziona più e l'organizzazione politica regredisce a forme primitive, quelle di un rapporto diretto fra i capi e le masse: lo sviluppo del capitalismo e l'affermarsi della mentalità economicistica hanno veicolato modelli di vita collettiva fondati su agglomerazioni orizzontali di individui provvisorie, le quali hanno determinato l'estensione dei fenomeni di massa su una specie di struttura oligarchica dei rapporti "produttori-consumatori".

Sono stati tali modelli ad emarginare i processi di selezione di cui si è detto. Perciò, l'affermarsi della società dei

---

[3] Cit. in *ivi*, p. 11.

fenomeni di massa è andato di pari passo con l'esaurirsi della democrazia rappresentativa e l'affermarsi di un'organizzazione politica come semplice braccio esecutivo dei bisogni e dell'organizzazione economica, mero strumento di ratifica delle decisioni economiche prese in centri decisionali esterni all'ordine politico. Fuori dai Parlamenti, dunque, il potere (economico, non più politico) *dalle capitali* dei Paesi è confluito *nel capitale* della finanza.

Il risultato è stato quello di una mutazione dell'economia politica in una *transeconomia* della speculazione che non ha più niente di economico né di politico. Essa non rappresenta più nemmeno un plusvalore, «è l'estasi del valore, senza riferimento né alla produzione, né alle sue condizioni reali. É la forma pura e vuota, [...] estetica e delirante dell'economia politica»[4]. Lo scriveva Jean Baudrillard – non a caso, due anni prima della firma del Trattato di Maastricht – utilizzando aggettivi che calzano a pennello per descrivere la vacuità dell'Ue di oggi.

---

[4] J. Baudrillard, *La transparence du Mal. Essai sur les phénomènes extrêmes*, Parigi, Editions Galilèe, 1990, p. 42.

Eric Voegelin, lo scientismo e la deriva tecnocratica

Nella primavera 2020 il politologo Ivan Krastev scrisse: «Le epidemie sono degli eventi – non delle tendenze – che mettono sotto pressione le società in cui si diffondono. Questi sforzi evidenziano delle strutture latenti che altrimenti resterebbero nascoste»[1].

La crisi sanitaria degli ultimi due anni ha palesato sia le inefficienze dei governi – declinati al plurale perché tutti hanno sottovalutato il fenomeno, (da Giuseppe Conte a Emmanuel Macron, da Boris Johnson a Donald Trump quasi fossero coordinati da un potere superiore, fino alle burocrazie europee – le quali, in ossequio alla loro natura, hanno rigidamente applicato «metriche tradizionali in momenti eccezionali»[2]), ma anche un altro aspetto rilevante.

Ci riferiamo all'onnipotenza dell'economia che ha contraddistinto il trentennio della globalizzazione come qualcosa di ideologico: «Ci è stato raccontato per anni che i governi nazionali non potevano più decidere, che la finanza decideva tutto, che mancavano le risorse. Si è visto poi che i governi nazionali sono in grado di nazionalizzare, che i soldi per finanziare gli ospedali ci sono», ma non lo fanno perché la classe politica europea, divisa tra una sinistra bramina e una destra mercantile, in verità è indissolubil-

---

[1] I. Krastev, *Confini e stato interventista. Il Covid-19 sarà la pietra tombale della globalizzazione?*, in «Il Foglio», del 30 marzo 2020.

[2] M. Longo, *Taglio alla cieca di rating nonostante la pandemia*, in «Il Sole24Ore», del 30 aprile 2020.

mente legata al mondo della finanza confermando la sempre più stretta dipendenza dimostrata da Thomas Piketty[3].

Usa, Cina, Giappone, Germania, Regno Unito, Francia e Italia sono stati tra i 10 Paesi più colpiti al mondo dalla crisi sanitaria della primavera 2020. Non a caso le loro economie sono *leader* a livello mondiale e rappresentano insieme il 60% del PIL globale, il 65% della produzione manifatturiera e il 41% delle esportazioni manifatturiere del globo: «Quando queste economie starnutiscono, il resto del mondo prenderà un raffreddore»[4]. Il motivo? Negli ultimi trent'anni l'estensione delle filiere produttive su scala globale ha reso i destini di tali economie strettamente legati tra loro: «una serie di fattori di stampo tecnologico, politico ed istituzionale ha incoraggiato le imprese a frammentare a livello internazionale la loro filiera produttiva promuovendo la delocalizzazione di impianti industriali [...] l'esternalizzazione di ampie fasi della produzione dei prodotti e il ricorso a fornitori indipendenti localizzati all'estero per l'approvvigionamento di beni intermedi necessari al processo produttivo»[5].

Ecco dunque che emerge l'*anima mundi* del "villaggio globale": lo *scientismo*, inteso come derivato ineludibile di un'*economia divenuta ideologia* che ha perso la sua naturale vocazione di «problema di dislocazione delle risorse»[6] per divenire una logica per la gestione societaria. L'economia si è progressivamente evoluta pericolosamente in una con-

---

[3] Cfr., T. Piketty, *Capitale e ideologia*, Milano, La nave di Teseo, 2021.

[4] R. Baldwin e B. Weder di Mauro, *Economics in the Time of Covid-19*, Londra, CEPR Press, 2020.

[5] T.I. Palley, relazione al XXI Convegno del Macroeconomic Policy Instiute-Hans-Bockler-Stiftung, *The Crisis of Globalization* svoltosi a Berlino, 9-11 novembre 2017, ora in Id., *Three Globalizations, not two: rethinking the history and economics of trade and globalization*, in «FMM Working Paper», n. 18 del marzo 2018.

[6] V. Cesareo, *Globalizzazione e contesti locali. Una ricerca sulla realtà italiana*, Milano, Franco Angeli, 2000, p. 153.

cezione del mondo *univoca* e in una tecnica di *controllo* e di *dominio*. L'*economia come ideologia* è la risultante della pretesa dell'economia di esercitare il predominio sulla cultura e sulla politica imponendo, su esse, il suo modo di "pensare la realtà"[7].

Ciò poteva avere delle conseguenze "arginabili" finché la società avesse continuato ad essere un insieme relativamente omogeneo con un forte contenuto *comunitario*. Ma la destoricizzazione della cultura, la fine dello Stato-nazione, la liquidazione della *traditio*, le migrazioni imposte dalla globalizzazione, il connesso neoliberismo e la contemporanea alienazione tecnologica hanno "liberato" il contenuto ideologico presente – fin dalle origini – nelle teorie economiche dal condizionamento dei fatti e dai limiti imposti dal sociale. Appare evidente, dunque, quanto la sottile linea che divide la politica dei competenti e la tecnocrazia non si sia infranta nella primavera del 2020. Ma negli ultimi trent'anni.

All'abbrivio degli anni Ottanta del Novecento, ad esempio, in Italia, l'affascinante elaborazione politico-sociale post-ideologica dell'alleanza "tra il merito e il bisogno" si configurò come un tentativo nobile, eroico e appassionato ma da mondo dei desideri, dell'utopia. Essa partiva dal presupposto che «le donne e gli uomini di merito, di talento, di capacità, sono le persone utili a sé e utili agli altri, coloro che progrediscono e fanno progredire un insieme o un'intera società con il loro lavoro, immaginazione, creatività, con il produrre più conoscenze»[8]. Peccato che fosse un'altra e diametralmente opposta la strada intrapresa da quelle strutture latenti cui fa riferimento Krastev e che hanno

---

[7] C. Mongardini, *Economia come ideologia. Sul ruolo dell'economia nella cultura moderna*, Milano, Franco Angeli, 1997, pp. 45 *passim*.

[8] C. Martelli, *Per un'alleanza riformista fra il merito e il bisogno*, relazione pronunciata a Rimini il 4 aprile 1982, ora in «Mondoperaio», n. 3, del 2009, p. 84.

governato i decenni della globalizzazione: ben attente a tenere distinto il "merito" dal "bisogno" creando *ad hoc* una società in preda allo *scientismo* nella quale «le donne e gli uomini immersi nel bisogno sono le persone che non sono poste in grado di essere utili a sé e agli altri, emarginati o dal lavoro o dalla conoscenza o dagli affetti o dalla salute»[9].

É stato realizzato un "mondo del bisogno" che ha sommato vecchie e nuove povertà sotto la regia di quelle élites le quali progressivamente sono riuscite a controllare «tutti i mezzi d'informazione, il sistema scolastico, quello giudiziario, quello politico e quello sanitario» riuscendo a centrare un obiettivo impensabile: «sette miliardi e mezzo di persone si sono lasciate schiavizzare da poche decine di multimiliardari, impadronitisi dei tre quarti della ricchezza mondiale»[10].

La crisi sanitaria non ha fatto dunque che palesare il mutamento in atto da decenni: un tempo agli Stati bastava controllare il territorio per controllare la ricchezza – che si baricentrava sul territorio naturalmente – esercitando il loro monopolio politico: battere moneta, fare giustizia, riscuotere tasse. Ora non è più così: «la catena politica fondamentale, la catena Stato-territorio-ricchezza, si è spezzata»[11]. La globalizzazione ha sottratto il processo economico al contesto politico costituito dallo Stato – morto nel 1945 a bordo della nave da guerra *HMS Prince of Wales* a largo di Terranova con la stipula della *Carta Atlantica*[12] – consentendogli di svolgersi fuori della giurisdizione fiscale di ogni specifico Stato. E così colossali flussi di risorse finanziarie sono stati «raccolti, investiti, spostati, dispersi,

---

[9] *Ibidem.*

[10] F. Lamendola, *La banale semplicità del sistema che ci schiavizza*, cit.

[11] G. Tremonti, *Barocco prossimo venturo*, prefazione a F. Galgano (et al.), *Nazioni senza ricchezza. Ricchezze senza nazione*, Bologna, Il Mulino, 1993, p. 10.

[12] R. Bonuglia, *Chi ha perso, davvero, la seconda guerra mondiale?*, cit.

distrutti, occultati, fatti sparire tramite reti di computer in funzione su tutta la superficie del globo, spesso collegati per mezzo di satelliti artificiali. Molte attività [..] vengono portate avanti alla periferia geografica della *corporation*, lontano dalle sedi centrali»[13].

La velocizzazione di questo processo durante gli anni dell'utopia della globalizzazione non rappresenta una novità. É frutto di un progetto che viene da molto, molto lontano. Lo conferma l'evoluzione politico-filosofica di «una certa parte della tradizione illuminista e razionalista, nello scientismo, nel positivismo, nel materialismo storico in alcune di quelle concezioni, idee, visioni che avrebbero contribuito a preparare nel corso della storia il 'terreno' ai sistemi liberticidi del '900»[14].

Lo scientismo di oggi – quello delle *task force* – discende quindi da quello illuminista fondato anch'esso sul monopolio della ragione e delle scienze naturali, le quali affermano la validità di un'unica 'idea' a scapito della tradizione culturale umanistica e di un metodo esclusivo per comprendere la realtà puntando a realizzare un ordine politico perfetto nel quale non vi è spazio per la rappresentatività, la sovranità nazionale, l'identità e la cultura tradizionali.

Il punto cruciale di questa analisi ci conduce a Eric Voegelin per il quale lo scientismo – alla stregua del positivismo e del fenomenismo – non è altro che un modello di pensiero coinvolto in una più profonda tendenza del pensiero occidentale: il processo di progressiva secolarizzazione, ossia di negazione della trascendenza, che caratterizza l'età moderna e contemporanea. Un modello che comporta il primato dell'*economia intesa come ideologia* e una serie di trasformazioni consumatesi nella struttura sociale del

---

[13] G. Poggi, *Il gioco dei poteri*, Bologna, Il Mulino, 1998, p. 84.

[14] S. Lagi e N. Stradaioli, *Eric Voegelin e Isaiah Berlin storici delle idee. Una riflessione sul monismo*, Firenze, Centro Editoriale Toscano, 2017, p. 17.

mondo occidentale nel XIX e nel XX secolo come preludio di quanto abbiamo visto accadere nel Terzo millennio: «The ramification of science into technology; the industrialization of production; the increase of population; the higher population capacity of an industrialized economy; the transformation of an agricultural into an urban society; the rise of new social groups – the industrial proletariat, the white-collar employees, and an intellectual proletariat; the concentration of wealth and the rise of managerial class; the ever-increasing numbers of men who depend for their economic existence on decisions beyond their influence; the dependence of national power on a highly developed industrial apparatus; the dependence of the industrial apparatus on the political accessibility of markets of raw material»[15].

Altro che alleanza tra merito e bisogno, dunque. Tenendoli tali valori ben distinti il "riformismo moderno" delle élite "progressiste" è degenerato in opportunismo, rifluendo nel più torbido dei massimalismi e riducendosi inevitabilmente in tecnocrazia[16].

Lo scientismo si è imposto sostituendo la realtà sostanziale con quella fenomenica, riducendo la complessa realtà individuale e sociale ai soli elementi immanenti, privando di validità quel tipo di conoscenza che per sua natura contempla invece anche la dimensione metafisica e spirituale del mondo. L'esito di una ragione così modulata è stato disastroso, sia epistemologicamente sia politicamente: «questo tipo di razionalismo monistico monopolizza la comprensione della realtà, presupponendo di possedere un'intelligenza superiore in grado di conoscere in via assoluta e definitiva la totalità delle cose esistenti. Ne consegue che, per mezzo di un atteggiamento mentale onnipotente

---

[15] E. Voegelin, *The Origin of Scientism*, in Id., *Published Essays 1940-1952*, Columbia-Londra, University of Missouri Press, 2000, p. 188.

[16] C. Martelli, *Per un'alleanza riformista fra il merito e il bisogno*, cit.

e totale, tenta di porre ordine nel mondo, forgiandone uno nuovo in dettaglio e imponendo un'unica ragione sulla realtà politica»[17].

Il progetto realizzato dalle élite tecnocratiche è «delirante in quanto produce una 'nuova scienza' che, esplorando solo il mondo fenomenico e le relazioni tra fenomeni sensibili, pretende, da un lato, di conoscere "the *real* order of nature" – ovvero le leggi universali della realtà naturale, sociale e politica –, e, dall'altro, di fondare una conoscenza dell'uomo e dell'universo "that is supposed to replace the knowledge of substance originating in spiritual experience"»[18].

Da tutto ciò non può che scaturire una società naufragata *de facto* in un nuovo totalitarismo alimentato da sistemi logici che ridisegnano 'scientificamente' una società scevra da difetti, nella quale l'analisi critica e la riflessione teorica sono sostituite da un'ideologia economica e da una "scienza" politica che accumula fatti riducendosi a *doxa* neutralizzando gli aspetti fondanti dell'esistenza. Che non a caso corrispondono, in una diabolica eterogenesi dei fini, all'elenco dei divieti impostici dal *lockdown* che tutti noi ricordiamo e sotto sotto siamo in attesa che prima o poi tornino a turbare le nostre quotidianità.

---

[17] S. Lagi e N. Stradaioli, *Eric Voegelin e Isaiah Berlin storici delle idee. Una riflessione sul monismo*, cit., p. 59.

[18] E. Voegelin, *The Origin of Scientism*, cit., p. 168.

Crisi sanitaria: l'*El Dorado* per i soliti noti

Cento anni fa Richard H. Tawney – nella sua più grande critica all'individualismo capitalistico[1] – scrisse che acquistare, possedere e realizzare un profitto si erano ormai configurati come i sacri e inalienabili diritti dell'individuo.

Di conseguenza, le norme alla base della "nostra" società plasmano ormai da un secolo «il carattere dei suoi membri: in una società industriale [...] l'aspirazione a [...] realizzare un profitto [...] consiste nel dilatare la sfera del possesso includendovi amici, amanti, salute, viaggi, oggetti d'arte, Dio, il proprio io...»[2]. E così le "persone" diventano "cose" – per dirla con Max Stirner – e le "cose" diventano "idoli". Che possono essere materiali o immateriali, ma tali rimangono sostituendo il materialismo alla trascendenza e prevaricando i valori etici, morali e religiosi.

Tutto ciò ha prodotto una massa di individui che sono meglio informati «sulla modalità dell'avere che non su quella dell'essere e ciò perché la prima è l'esperienza di gran lunga più frequente delle nostra cultura»[3]. Per questo, durante il *lockdown*, piuttosto che cogliere l'opportunità di riflettere su ciò che siamo – e dunque sull'*essere* –, la maggior parte delle persone ha fatto leva, invece, sull'*avere*.

Lo confermano i comportamenti individuali fatti regi-

---

[1] R.H. Henry, *The Acquisitive Society*, New York, Harcourt, Brace and Company, 1920.

[2] E. Fromm, *Avere o Essere?*, Milano, Mondadori, 1986, pp. 98-99.

[3] *Ivi*, p. 118.

strare dalla maggioranza delle persone in quei mesi: l'incetta di beni alimentari con le lunghe file per riempire i carrelli della spesa di cose da mangiare a lunga scadenza[4]; la pazzotica ricerca delle mascherine divenute subito introvabili[5]; il ricorso ossessivo allo *shopping online* su Amazon di qualunque bene anche e soprattutto non primario; la messa in scena delle più improbabili *performance* creative sui "balconi" quando c'era ben poco da cantare e suonare[6]; l'impennata dei *post* sui *social network* per combattere la noia continuando ad auto-promuovere un'immagine di sé accattivante ricorrendo alla *second life* parallela che il web 2.0 offre[7].

Tutto questo, però, a chi ha giovato? Chi ha trovato l'*El Dorado* nella crisi tremenda declinatasi in senso economico, morale e politico? Ma ovviamente le élite capitalistiche internazionali, i *pusher* del capitalismo, i *leader* mondiali del buonismo *radical chic* che hanno fatto affari a mani basse a discapito (e grazie) ad una massa di persone «che seguono in maniera sempre più acritica e passiva ciò che viene detto o suggerito loro dai mass media, dalla scuola e dalle pubbliche autorità»[8].

D'altra parte, come scriveva Albert Einstein: «la crisi è la più grande benedizione per le persone e le nazioni, perché la crisi porta progressi. La creatività nasce dall'angoscia come il giorno nasce dalla notte oscura. È nella crisi che sorge l'inventiva, le scoperte e le grandi strategie. Chi su-

---

[4] Cfr., *I consumi durante il lockdown: dalla spesa bunker al comfort food*, in «Repubblica», del 2 maggio 2020.

[5] P. Russo, *Mascherine introvabili e ancora molto care: "Nessuno rispetta il prezzo calmierato"*, in «La Stampa», del 6 maggio 2020.

[6] R. Bonuglia, *I balconi della dittatura buonista*, in «Quaderni Culturali delle Venezie» dell'Accademia Adriatica di Filosofia "Nuova Italia", del 14 marzo 2020.

[7] F. Russo, *Coronavirus, in Italia aumento l'uso dei social media del 30 per cento*, in «InTime», del 31 marzo 2020.

[8] F. Lamendola, *La banale semplicità del sistema che ci schiavizza*, cit.

pera la crisi supera sé stesso senza essere superato»[9]. Peccato, però, che dall'assunto generale all'applicazione dello stesso, nel caso di specie, c'è qualche precisazione che pare il caso di fare.

Il Nobel Robert Shiller ha posto l'accento su una questione interessante: «più i fondamentali economici e le previsioni peggiorano, più appaiono misteriosi i risultati del mercato azionario negli Stati Uniti»[10]. In effetti, se si rapportano l'andamento di *Wall Street* e l'economia reale durante la crisi sanitaria, si registra una divergenza mai vista prima.

Era dal 1975, infatti che l'indice S&P 500 – costituito dalle *performance* delle 500 aziende più rilevanti per capitalizzazione nel mercato – non guadagnava più del 17% in 4 mesi. È accaduto durante il *lockdown* creando una situazione senza precedenti: solo 5 aziende da allora valgono il 20% di tutto l'indice e detengono il 21% dell'intero *cash flow*, cioè della liquidità.

Guarda caso, si tratta di Apple, Microsoft, Amazon, Google e Facebook. Vent'anni fa le stesse aziende pesavano il 14% dell'indice. Pochi mesi dopo la crisi sanitaria hanno fatto registrare vertiginosi valori di borsa in miliardi di dollari: 1.524 Apple, 1.473 Microsoft, 1.317 Amazon, 999 Google, 671 Facebook.

Ad esse si aggiungono altre realtà tutte giovatisi delle limitazioni imposte: Nexi (specializzata nei pagamenti digitali); Fineco (attiva nel *trading online* e nel risparmio gestito). Nell'indice Nadsaq, invece, la "prima della classe" è Zoom: una piattaforma per le video-chiamate di fatto sconosciuta prima della crisi sanitaria. E poi c'è il caso della tedesca HelloFresh, attiva nella consegna a domicilio di cibi freschi: dai minimi di marzo 2020 è rimbalzata in

---

[9] Cfr., A. Einstein, *Mein Weltbild*, Amsterdam, Querido Verlag, 1934.
[10] R. J. Shiller, *Understanding the Pandemic Stock Market*, in «Project Sybdacate», del 7 luglio 2020.

poche settimane del 150% ottenendo la palma di migliore società dello Stoxx 600 Europe. Non da meno Netflix, colosso delle trasmissioni in *streaming* che, prima del marzo 2020, era considerata una società dal futuro incerto[11] e che, invece, grazie ai domiciliari internazionali imposti a miliardi di persone è tornata «ad accarezzare i massimi borsistici pre-pandemia, nemmeno si trattasse di un *outsider* del settore *biotech* che annuncia di sperimentare un vaccino di qualche tipo»[12] in tempi di peste.

Per capire quanto queste società si siano giovate della crisi sanitaria bastano tre esempi: il primo è rappresentato dalle azioni di Amazon che «nel 2006 si scambiavano a 32 dollari l'una. Tra gli analisti nessuno si scandalizzava. Anzi, la netta maggioranza di loro non consigliava di premere il bottone *buy* sul titolo del gruppo dell'*e-commerce*. [...] Amazon non era consigliata dall'85% degli analisti che coprivano il titolo. Ora, [...] il gioiello di Jeff Bezos balza oltre i 3.000 dollari, ovvero 95 volte il prezzo che aveva nel 2006»[13]. Il secondo caso è rappresentato da Nvidia, società di schede grafiche per pc: tre anni dopo la sua IPO del gennaio 1999 non era raccomandata da più dell'88% degli analisti: le sue azioni si scambiavano a 2,60 dollari ciascuna mentre ora valgono 393 dollari, oltre 150 volte il prezzo del 2002. Infine, va ricordato che tutti i titoli di questo settore, il 10 ottobre 2018, subirono un drastico *sell-off* che fece perdere – in un solo giorno – ai cosiddetti FAANG (Facebook, Amazon, Apple, Netflix, Google) percentuali tra l'8% e il 4%.

Oggi, la situazione è capovolta: nel mondo reale «la po-

---

[11] M. Valsania, *Netflix batte le attese, ma pesa la concorrenza nello streaming*, in «IlSole24Ore», del 21 gennaio 2020.

[12] E. Marro, *Netflix salvata dal virus: in Borsa cancella il crollo e torna in vetta*, in «IlSole24Ore», del 3 aprile 2020.

[13] A. Caparello, *Tre titoli best buy del decennio snobbati per anni da analisti Wall Street*, in «Finanza On Line», del 7 luglio 2020.

vertà, la disuguaglianza e la disoccupazione sono alle stelle» e persino il Fondo Monetario Internazionale «ha invitato gli Stati a varare pacchetti di aiuti per contrastare [...] la recessione»[14]. Nel mondo finanziario, invece, i FAANG sono entrati nell'Olimpo dei giganti azionari con oltre 1,5 trilioni di dollari di valutazione: i *buy* impazzano e i rialzi sono costanti toccando percentuali da "capogiro".

Da ciò si origina un circolo vizioso: le società che dalla primavera del 2020 hanno fatto cassa, ora sono le uniche in grado di vantare invidiabili riserve di liquidità da indirizzare verso prodotti che le altre ondate pandemiche renderanno indispensabili per le persone che torneranno a spendere il loro tempo a casa usando il web e le altre diavolerie tecnologiche per "passare" il tempo prediligendo l'*avere* all'*essere*.

Il bello è che non hanno rischiato nulla i padroni di questi colossi. E mentre Anthony Fauci consigliava agli americani di «prepararsi alle vacanze estive» perché il virus sarebbe stato velocemente vinto, i FAANG sapevano bene, invece, che aveva ragione il virologo tedesco Hendrik Streeck quando affermava in modo sibillino che ormai «non c'è alcuna seconda o terza ondata: siamo in un'ondata permanente»[15].

I colossi di Wall Street, quindi, giocano in anticipo sapendo cosa accadrà. Per questo vincono sempre. La strategia è quella di «raddoppiare e perfino triplicare la puntata mentre il Casinò è in fiamme»[16] come ha ben spiegato Paul Rollert della *Booth School of Business* di Chicago parlando

---

[14] M. Jarlner, *Uligheden eksploderer: Vi var hurtige til at hjælpe bankerne efter finanskrisen. Nu skal vi være lige så hurtige til at hjælpe de socialt svageste efter coronakrisen*, in «Politiken», del 13 luglio 2020.

[15] Cit. in M. Giannini, *Un Paese di lotta e di sgoverno*, in «La Stampa», del 5 luglio 2020.

[16] Cit. in M. Isaac, *The Economy Is Reeling. The Tech Giants Spy Opportunity*, in «The New York Times», del 13 giugno 2020.

di Netflix: il colosso dello streaming è famoso per la sua capacità di "bruciare cassa". Nel 2019 ha generato liquidità per 3,5 miliardi di dollari investendo, però, su nuove serie per 15 miliardi, continuando nel suo gioco pericoloso di vivere a leva.

E che tanto pericoloso non pare più visto che tutti gli altri hanno seguito questo esempio investendo i profitti in attività che danno per scontato – prima o poi – il *deja vu* della primavera 2020: Facebook ha comprato sia Gojek – un'app indonesiana che offre una serie di servizi come trasporti e consegne – sia Giphy che, nel frattempo, ha investito milioni di dollari per realizzare un cavo in fibra ottica sottomarino circumnavigando l'Africa. Non da meno la Apple che ha comprato: DarkSky che sviluppa app meteo; NextVR che opera nella *virtual reality*; Voysis sviluppatrice di *software* di riconoscimento vocale; Xnor.ai, una *start-up* che si occupa di intelligenza artificiale. La Microsoft, dal canto suo, si è assicurata Softomotive, Affirmed Networks e Metaswitch tutte operanti nel settore del *cloud* e Amazon sta comprando Zoox, una *start-up* che si occupa di veicoli autonomi e ha già assunto 175.000 persone, guarda caso, all'inizio del 2020. Google sta a guardare? Nient'affatto: Google Meet ha implementato a tempo di record le nostre Gmail e – insieme all'Apple – sta realizzando una piattaforma di *contract tracing*, la tecnologia per il tracciamento delle infezioni da "coronavirus".

Altro che "immuni", insomma, non scapperemo da tutto questo. Facebook, ad esempio, è attiva anche su questo fronte e sta ampliando il suo programma *Disease prevention maps*: un progetto che utilizza i dati di localizzazione delle *app* del *social network* già impiegato – nel silenzio del *mainstream* – in Mozambico ai tempi del colera e in Asia durante il virus *zika*, vere e proprie "prove generali" di quanto sarebbe poi successo nella primavera 2020.

E se qualcuno di voi indossa un Apple Watch è bene che

sappia quanto l'oggetto sia considerato un elemento essenziale in molti studi sul Covid-19: il futuristico tracciamento di cui è capace riscuote molti consensi. Altro che braccialetto elettronico: «mentre Google vuole raccogliere tutti i parametri sanitari con i dispositivi indossabili, [...] la Apple [...] con il suo *smartwatch* e la sua *Research app*, [...] ha esplorato le potenzialità imprenditoriali aperte. Già prima della pandemia chi indossava i suoi sensori, mettendo i propri dati a disposizione di università, ospedali o istituzioni come l'OMS, poteva partecipare a grandi ricerche in campo medico, che spaziavano dalla capacità uditiva al monitoraggio del ciclo mestruale»[17]. Magari senza nemmeno saperlo.

Lo slogan della strategia aziendale – a monte di questo progetto – è piuttosto inquietante: il futuro della ricerca medica sei tu, siamo noi. A ben guardare pare che il futuro che ci aspetta sia da "ricercati" visto che tutte le aziende stanno investendo i lauti guadagni in *software* e *hardware* per creare «mappe più precise, apparati più flessibili per assicurare il funzionamento del corpo individuale e soprattutto sociale. Nel nome della salute, quindi, il singolo si muove sempre più in luoghi tracciati, mentre i suoi dati sono misurati in tempo reale e lo stato di benessere, il battito cardiaco e il ritmo circadiano sono sottoposti a osservazione continua»[18].

Manca, a ben vedere, l'indottrinamento. Ma a quello ci pensa Netflix che si distingue, ad esempio, «da tempo per le posizioni pro-aborto prese in Georgia; nella produzione di serie controverse come *The Two Papes*; e soprattutto, dando un forte impulso ai contenuti LGBT: un genere "specifico" che contava già nel 2017 sulla piattaforma ben

---

[17] A.V. Nosthoff e F. Maschewski, *Wie Big Tech die Pandemie «lösen» will*, in «Republik», del 9 maggio 2020.

[18] Cfr., *Netflix defends packing shows with LGBT 'representation': 'every gay person is very necessary'*, in «Life Site», del 12 maggio 2020.

57 diverse fiction con personaggi gay o transgender saturando in tal senso la sua programmazione»[19].

Che combattere con il buonismo non si sarebbe usciti dall'emergenza sanitaria l'avevamo già scritto[20]. Ci era però sfuggito che, in futuro, potremo passare le prossime situazioni "critiche" a sentire "Bella Ciao" piuttosto che dai nostri vicini stonati direttamente dalla colonna sonora della nuova stagione de *La Casa di Carta* su Netflix. Alla fine, tutto sommato, è già qualcosa.

---

[19] *Ibidem.*

[20] R. Bonuglia, *Se l'Occidente tramonta all'ombra del buonismo*, in «Quaderni Culturali delle Venezie» dell'Accademia Adriatica di Filosofia "Nuova Italia", dell'11 marzo 2020.

Il narcisismo economico e la globalizzazione deviata

Nel 1971 la celebre casa editrice londinese Penguin pubblicò un volume curato da Kurt Wilhelm Rothschild. Tra i contributi del libro, uno era stato scritto nel 1950 da François Perroux e si intitolava *The Domination Effect and Modern Economic Theory*. L'economista francese, in quelle pagine, sosteneva che «l'economia è guidata non solo dalla ricerca del guadagno, ma anche dalla ricerca del potere».

In effetti, a ben pensarci, la vita economica non può essere considerata un insieme di rapporti di scambio. Piuttosto, essa pare la risultante di un campo di forze, nel quale *domanda* e *offerta* si incontrano, ma sempre perché tale incontro è frutto di un rapporto di potere.

Qualche esempio: un'impresa esercita la sua influenza sulle decisioni in materia di prezzi o distribuzione di un'altra, magari più piccola o da meno tempo costituita; un settore dell'economia provoca un innalzamento (o un abbassamento) dei costi o dei prezzi in un altro settore dal quale però, non subisce influenze comparabili per portata e intensità; una Nazione impone ad un'altra (in un rapporto di forza asimmetrico) beni/servizi o un certo modo di produzione o di scambio.

Questo squilibrio di forze, nel Terzo millennio, è stato moltiplicato dal peso specifico che l'economia ha progressivamente aumentato rispetto a tutti i tradizionali riferimenti della società: la politica, la religione, la tradizione, l'ideologia. La "costellazione di interessi" - di cui parlava

Max Weber – si è drasticamente semplificata in una polarizzazione pericolosa: *domanda* e *offerta*.

Tutto ciò è successo perché l'*economico* da aspetto particolare della vita, è divenuto mentalità dominante e principio formante delle relazioni sociali. Con il trionfo dell'economia sulla politica – consumatasi sull'olocausto dello Stato-Nazione disintegrato dalla globalizzazione e dal connesso neoliberismo – la società liquida, per dirla con Zygmunt Bauman[1], si è data una nuova ideologia totale (o se preferite, un nuovo totalitarismo): l'economia.

Non più quella "politica", ma quella della peggior specie, improntata su una tecnica economica distante ormai anni luce dai postulati classici dell'economia politica poiché resa "finanziaria" e "virtuale" dall'evoluzione dei mercati internazionali. Ciò ha tagliato ogni spazio alla solidarietà, al *welfare*, al "reale" insomma.

Basta guardarci intorno: lo sviluppo della cultura è impostato sul controllo dello spazio attraverso la comunicazione globale – del web e del tempo – attraverso l'enfasi di un presente che trascura il passato (cioè la *traditio*) e riduce il futuro ad un presente esteso; il legame sociale è ridotto alla provvisorietà e alla superficialità dell'interesse e del calcolo; il disegno di una "società globale" – che è stato imposto nell'ultimo trentennio – non ha affatto realizzato l'emancipazione dell'umanità ma, piuttosto, creato solo maggiore spazio per gli interessi delle élite dominanti a danno del "popolo" forzatamente globalizzato; il microcosmo della vita quotidiana è stato abbandonato all'interesse e al calcolo individuale ricadendo in un "tribalismo primitivo" che nei social media mostra i suoi peggiori aspetti (esibizionismo, bullismo, culto dell'effimero, etc.).

---

[1] Z. Bauman, *Modernità liquida*, Roma-Bari, Laterza, 2002; Id., *Vita liquida*, Roma-Bari, Laterza, 2006; Id., *Paura liquida*, Roma-Bari, Laterza, 2008; Id., *Le sfide all'istruzione nella modernità liquida*, Padova, Padova University Press, 2011.

In estrema sintesi, ideologizzandosi, l'economia ha sconvolto l'equilibrio tra l'Io e il Noi che era alla base della precedente società moderna. In quella post-moderna, invece, il Noi è diventato il prodotto del calcolo e della combinazione: esso non riesce più a limitare il narcisismo dell'Io e il feticismo delle merci che invece sono deflagrati imponendo la ricerca della felicità solo in ciò che si consuma.

E così la globalizzazione si è rivelata come un processo imposto e deviato da una deriva narcisistica rinvenibile nel disegno inquietante dell'élite finanziaria che ha strumentalmente sostituito il pubblico con il pubblicitario, la continuità con la contemporaneità, il pellegrino col turista, il cittadino con l'avente diritto, la rappresentanza libera con quella degli interessi e così via. E ponendo in un angolo tutti gli eretici che, coraggiosamente, continuano a cercare un nuovo centro di gravità permanente.

Occhio, però, non è detto che – prima o poi – non lo trovino.

Dalla *Great Transformation* al *Great Reset*: l'altra faccia dell'utopia globalista

«Pensa a livello locale, agisci a livello globale»[1]: no, non è un aforisma di un filosofo mondialista del pensiero unico, ma molto peggio. La frase fu pronunciata nel 2000 dall'allora CEO di *Coca-Cola* Douglas Daft e riassumeva la nuova strategia di marketing dell'azienda, da sempre simbolo di una società completamente assoggettata alle leggi del mercato.

Da allora, altri brand globali hanno fatto proprio questo *claim* assumendolo come *mantra* e declinando i propri linguaggi a seconda dei segmenti di mercato: «Quando vendi a qualcuno, devi farlo nella loro lingua», disse Willy Brandt[2].

Ne è conseguita un'evidente degenerazione: la generazione che ha costruito l'attuale società consumistica dandole una dimensione globale a colpi di neoliberismo, ha ceduto il posto ad un'élite ancor più pericolosa – 26 persone detengono le ricchezze di 3,8 miliardi di persone[3] – che ha utilizzato e strumentalizzato il mercato rendendolo un'ideologia: fanno piuttosto pena, infatti, quei figli degli operai metalmeccanici indottrinati da *L'Unità* o da *Il Manifesto* ne-

---

[1] Cit. in P. Kotler, *La gestione del brand nel B2B. Marca e immagine nel marketing industriale*, Milano, Tecniche Nuove, 2006, p. 289.

[2] Cit. in G.L. Gregori, F. Pascucci, S. Cardinali, *Internazionalizzazione digitale*, Milano, Franco Angeli, 2016, p. 9.

[3] A. Mincuzzi, *Disuguaglianze, in 26 posseggono le ricchezze di 3,8 miliardi di persone*, in «IlSole24Ore», del 21 gennaio 2019.

gli anni Sessanta e Settanta che sono divenuti dopo l'*Erasmus*[4] imprenditori convinti di essere liberi di 'farsi da soli' in un mondo 'senza confini', senza rendersi conto di essere divenuti, invece, piccoli burocrati in balia di uno sviluppo tecnologico già tracciato.

Ciò va detto e scritto con forza perché se «la falsificazione del passato obbedisce a triti canoni ideologici (ormai anche comici), [...] la sua accettazione consapevole indica sostegno, a poco prezzo, alla corruzione intellettuale del presente»[5]: noi questo prezzo lo paghiamo volentieri tutti i giorni.

E così, nel villaggio globale preconizzato da McLuhan[6], è del tutto normale – per i più – svegliarsi in un letto *Ikea*, farsi un caffè con le cialde *Nestlé* (ma 'naturalizzate' *Nespresso*), indossare un paio di jeans *Levi's*, arraffare il proprio *Apple*, fare colazione alternando cereali *Kellog's* e *cookie* virtuali che gli algoritmi dei siti web usano *ah hoc* per imporre solo le notizie che devono arrivare sul *device* del consumatore del Terzo millennio. Il quale, inconsapevolmente, coltiva l'illusione di scegliere il meglio per sé stesso mentre, *de facto*, non fa altro che girarsi – piuttosto che nel suo letto – in una ragnatela (questo significa la parola 'web', in inglese) perdendo, ogni giorno, un pezzo della propria libertà di arbitrio, di espressione e di identità.

É così, a ben vedere, che ha preso forma l'incubo pasoliniano[7] delineato all'indomani del referendum sul divorzio (prima tappa di una falsa secolarizzazione che non aprì alla modernità, bensì al mutamento antropologico del cittadino in consumatore): il passaggio da un'*economia incardina-*

---

[4] L. Borgia, L. Ferrari, *La generazione Erasmus che non c'è*, in «Il Foglio», del 7 gennaio 2019.

[5] P. Simoncelli, *Cagli, De Libero, "La Cometa". Censure e manomissioni dagli anni '30*, Roma, Nuova Cultura, 2020, p. 7.

[6] M. McLuhan, *Understanding Media: The Extensions of Man*, cit.

[7] P.P. Pasolini, *Gli italiani non sono più quelli*, in «Corriere della Sera», del 10 giugno 1974.

ta *nella società*, ad una *società di mercato* risultante di una proiezione ideale di una dimensione tutta economica del sociale nella quale, la stessa economia, diventa ideologia e, come tale, «radice di tutti i mali»[8].

D'altro canto, l'uomo si muove verso la società come verso un luogo che gli è estraneo[9] e, mai come nella società di mercato, ciò si realizza così velocemente e impercettibilmente consumando, prima, la *Great Transformation*[10] e, cronaca dei nostri tempi, il *Great Reset*[11].

Il mercato, va detto, non è il male assoluto perché esso «preesiste alla modernità»[12] ma, nella sua versione globalizzata, il problema risiede nel predominio che si configura, in esso, delle istituzioni multinazionali e dei rapporti transumani che sono per loro natura *estranei* al mercato ed alla dimensione domestica dell'economia, ormai del tutto persa col passaggio dalla parsimonia al consumo[13].

È questa la dimensione che è stata persa: «non c'è più Olimpia, Atene è stata sostituita da Francoforte» e il deserto culturale, la socializzazione della cultura, la delegittimazione degli studi storici, la demonizzazione della difesa identitaria sono funzionali «alle necessità d'una tecnica economica distante ormai anni luce dai postulati classici dell'economia politica»[14].

---

[8] R. Bonuglia, *A Economia como Ideologia: Raiz de Todos os Males*, in «Legio Victrix», del 10 agosto 2020.

[9] F. Tönnies, *Gemeinschaft und Gesellschaft*, Lipsia, Verlag di Fues, 1887.

[10] K. Polanyi, *The Great Transformation*, Boston, Beacon Press, 1944.

[11] C.M. Viganò, *A Meditation on the "Great Reset" and the Liberty of Christians*, in «Quaderni Culturali delle Venezie» dell'Accademia Adriatica di Filosofia "Nuova Italia", del 2 dicembre 2020.

[12] W.J. Booth, *On the Idea of the Moral Economy*, in «The American Political Scienze Review», vol. LXXXVIII, n. 3, del 1994, pp. 653.

[13] Cfr., G. Aliberti, *Dalla parsimonia al consumo. Cento anni di vita quotidiana in Italia (1870-1970)*, Firenze, Le Monnier, 2003.

[14] P. Simoncelli, intervento al Convegno *Oltre Salerno. Benedetto Croce, Ignazio Silone e la loro attualità politica*, cit., p. 162.

Lecito quindi evidenziare che l'economia di mercato pensata da Vilfredo Pareto e Luigi Einaudi era tutt'altro che quella imposta dalla globalizzazione: essa avrebbe dovuto essere il prodotto di una di una cultura preesistente, non crearne una nuova, globale e piatta come il mondo globalizzato[15] in cui siamo finiti tutti; doveva essere una forma di razionalizzazione e non di coercizione della vita collettiva; l'economia di mercato, inoltre, si sarebbe dovuta poggiare su un ordine in grado di valorizzare l'impegno degli individui realizzando il sogno di Ezio Vanoni e Pasquale Saraceno della 'piena occupazione'[16] e non del precariato diffuso e della negazione dello stesso diritto al lavoro e di quelli ad esso afferenti; infine, l'economia politica avrebbe dovuto valorizzare quelle forze sociali cui guardava Giulio Pastore e non colpirle a morte – come è stato fatto – nel trentennio della dorata menzogna della globalizzazione.

Ma per realizzare tutto ciò e non trascendere – in senso ovviamente negativo – la sua dimensione l'economia di mercato aveva bisogno dello Stato che, però, è morto a bordo della nave da guerra *HMS Prince of Wales* a largo di Terranova quando non fu stipulata solo la *Carta Atlantica*, ma il funerale di quello Stato-nazione simbolo stesso del primato universale di un'Europa – essa stessa Nazione – che ha cessato di essere un'idea per diventare una Banca. E delle peggiori.

La fine dello Stato-Nazione ha comportato una serie di conseguenze politiche, economiche e sociali alle quali nessuno si è potuto sottrarre: su tutte, lo sviluppo di un diritto internazionale che ha svuotato quelli costituzionali dei singoli Stati. Per questo il mercato è diventato «il meccani-

---

[15] Per la definizione del 'mondo diventato piatto' cfr., T.L. Friedman, *The World Is Flat. A Brief History of the Twenty-First Century*, New York, Farrar, Straus & Giroux, 2005.

[16] R. Bonuglia, *Pasquale Saraceno tra economia e politica*, Roma, Nuova Cultura, 2010, p. 208.

smo dominante che integra l'intera società»[17]. Ma il tipo di integrazione che viene a configurarsi risulta superficiale e meccanica, sottoposta al mutamento degli interessi e alla loro aggregazione artificiale: non si compra più ciò che è necessario a sé stessi, ma a chi produce.

Questa pseudo-integrazione diventa una regola di condotta e un'espressione di razionalità che esclude i valori (laici e religiosi) e l'identità monopolizzando tutto e tutti: la logica del mercato globale crea progressivamente distorsioni sempre maggiori dell'utopia – «Imagine [...] A brotherhood of man, Imagine all the people, Sharing all the world» cantava John Lennon... – che fagocitano ogni forma di cultura e minacciano, alle radici, il legame sociale.

Questa integrazione antidemocratica e totalitaria – pur se vestita di buonismo e di paternalistica induzione al consumo – recide gli stimoli alla scoperta e all'innovazione: in quanto dipendente dalla domanda, infatti, il mercato si limita a corteggiarla, stimolando quegli istinti che la attivano, orientandola ai suoi paradigmi, non a quelli del presente.

La domanda, così, tende a ripetersi sugli stessi moduli, orientandosi sui bisogni più elementari e sugli istinti più primitivi della specie umana, determinando la perdita dei valori e il livellamento della cultura ai livelli più bassi: un recinto, insomma, dal quale l'uomo non riesce più ad uscire, poiché privato della dimensione dinamica e rivoluzionaria di soggetto creatore della propria storia e del proprio destino.

Senza libero arbitrio, mutato antropologicamente, l'uomo perde la capacità di scegliere in favore di una sempre più maliziosamente imposta "induzione al consumo" che, per sua natura, è acritica e istintiva. Non più in grado di creare, l'uomo del Terzo millennio è ridotto ad un soggetto

---

[17] W.J. Booth, *On the Idea of the Moral Economy*, cit., p. 653.

dipendente dall'evoluzione prevedibile della scienza e della tecnologia. Da esse e di esse, infatti – imparando a vivere in una società "razionalistica e antieroica" nella quale predominano l'inerzia e l'uniformità –, gli individui non possono che subire gli effetti.

Quella di un uomo così mutato antropologicamente «non è la scelta di un comportamento razionale, è solo l'accettazione di uniformarsi a modelli dominanti che in cambio della rinuncia alla creatività e alla volontà offrono la sicurezza della soddisfazione a breve termine di istinti e bisogni elementari»[18].

E paradossalmente, di questi tempi, riesce a dare un valore economico anche al primario di quei bisogni: il respiro. Che per essere soddisfatto, necessita comunque di una mascherina, ovviamente da comprare.

---

[18] F. Perroux, *Pouvoir et économie*, Parigi, Bordas, 1973. In tal senso anche A. Etzioni, *The Moral Dimension. Toward a New Economics*, New York, The Free Press, 1998, p. 161 e ss.

Le *Dark Pools*: il lato oscuro dell'economia 4.0

Qualche anno fa, Hal Berghel – docente a Las Vegas all'University of Nevada –, poneva un interessante quesito espresso dal titolo dell'articolo: *Which Is More Dangerous, the Dark Web or the Deep State?*[1].

La risposta a tale domanda era certamente complessa e tale rimane, ma una cosa è certa: ormai questi termini sono entrati nel linguaggio comune e sono sempre più spesso usati – e abusati – nelle analisi economiche. *Deep Web, Deep State, Dark Web, Parallel Construction, Cybercrime*, sono parole che richiamano fenomeni già di pubblico dominio e riflessione.

Vi è però un aspetto poco esplorato, invece, quello dei *Dark Pools*, ossia, dei "listini oscuri" nei quali i trader non vedono le proposte di vendita e di acquisto, né i rispettivi volumi. Un *trading*, insomma, dove le transazioni avvengono in maniera del tutto anonima e le negoziazioni non sono rintracciabili. Alla faccia della trasparenza, insomma.

Il primo a parlarne fu nel 2014 Michael Lewis[2]: le *Dark Pools* – tradotte sovente in italiano col termine *piscine oscure* – sono nate per rispondere all'esigenza dei grandi investitori di concludere accordi, senza innescare un movimento avverso di prezzo. Se un investitore ha intenzione

---

[1] H. Berghel, *Which Is More Dangerous, the Dark Web or the Deep State?*, in «Computer», vol. 50, luglio 2017, pp. 86-91.

[2] M. Lewis, *Flash Boys: A Wall Street Revolt*, New York – Londra, W.W. Norton & Co, 2014.

di vendere un numero elevato di azioni di una società in una borsa pubblica, quindi, deve dichiarare questa volontà, correndo il rischio che il valore del titolo possa scendere per via dell'accresciuta offerta. Le *Dark Pools* eliminano questo rischio, annunciando le offerte solo dopo che sono avvenute e limitando l'accesso a tali scambi. Un bel vantaggio, insomma, per chi voglia approfittare delle condizioni create ad esempio da una crisi sanitaria per speculare nelle borse non solo europee, potendo in questo contesto effettuare grandi acquisti o vendite senza distorsioni di prezzo, che si verificherebbero se inviassero l'ordine a un mercato aperto. In altre parole, aggirando i costi della negoziazione e lo stesso impatto sul mercato (il cosiddetto market impact): alla faccia della mano invisibile[3] di Adam Smith.

Operare nelle *Dark Pools* può addebitare commissioni inferiori rispetto ai mercati tradizionali in quanto le operazioni possono essere svolte all'interno degli stessi broker, senza inviarle ai mercati secondari: non sorprende che la società Bloomberg LP possieda la *Dark Pool* Bloomberg Tradebook, registrata come tale presso la Securities and Exchange Commission (SEC). Ciò consente a Bloomberg di operare all'interno del Bloomberg Tradebook. Non a caso, già nel 2016, una ricerca pubblicata dalla Bloomberg Intelligence basata su dati raccolti dalla Financial Industry Regulatory Authority (FINRA) rivelava che le più usate *Dark Pools* appartenessero a Ubs (14,4% del totale), Credit Suisse (13,6%), IEX (10,7%, l'unico non essere un grande istituto di credito), Deutsche Bank (7,6%), Morgan Stanley (7,2%), Jp Morgan Chase (4,9%), Merril Lynch (4,8%) e Barclays (3,9%)[4]: insomma, quasi tutte le grandi banche, paral-

---

[3] Cfr., la voce «mano invisibile» redatta da M. Franzini in AA.VV., *Dizionario di Economia e Finanza*, Roma, Treccani, 2012.

[4] M. Bersani, *Una crisi sistemica*, in AA.VV., *Storie di bancari e risparmiatori traditi*, a cura di L. Bertell, S. Caucchioli, A. De Vita, G. Gosetti, Milano, Franco Angeli, 2020, pp. 19 e ss.

lelamente alle loro attività ufficiali, detengono una piscina oscura nella quale sguazzare alla faccia della concorrenza e del libero mercato.

Nel 2016, giova ricordarlo, Barclays e Credit Suisse ricevettero dalle autorità statunitensi una salata multa (rispettivamente di 70 e 85 milioni di dollari) per irregolarità nelle loro *piscine oscure*: gli istituti bancari – secondo la (SEC) – avevano «favorito alcuni trader ad alta frequenza, armati di algoritmi e supercomputer, a scapito di tradizionali investitori istituzionali; hanno mancato nei controlli interni richiesti dalla Sec; e hanno fornito informazioni inesatte ai clienti»[5].

Le cosiddette "Borse oscure", dal marzo 2020 non a caso, hanno rialzato la testa: il controvalore di questo tipo di scambi nel primo trimestre 2020 è arrivato a 199,73 miliardi. Il 65% in più rispetto riferito allo stesso periodo al dato dell'anno prima. Se consideriamo il solo mese di marzo il rialzo passa al 118%. Dati, quindi, di assoluto rilievo che rischiano di destabilizzare il mercato azionario, rendendo i titoli di borsa meno precisi e i mercati regolamentari meno efficienti.

Un trend che dall'inizio della crisi sanitaria non smette di essere rilevante: le ultime stime suggeriscono che il 40% di tutte le operazioni negli Stati Uniti ed il 20% di quelle europee vengano effettuate proprio nelle *Dark Pools*[6]. Negli ultimi venti giorni, inoltre, alcuni titoli sono stati particolarmente interessati da questo fenomeno: il 50% di quelli Apple, il 53% delle azioni Tesla, il 40% di quelle Microsoft sono state scambiate nelle *piscine oscure*. Tanto che il Nasdaq nell'agosto 2020 ha acquisito una quota di minoranza significativa nella sede di negoziazione di *Dark Pool* azio-

---

[5] M. Valsania, *Multa record della Sec contro le Dark Pools di Credit Suisse e Barclays*, in «IlSole24Ore», del 1° febbraio 2016.

[6] B. Zambonin, D. Martins, *What Dark Pool Trading Volume Says About AMC Stock*, in «The Street», del 6 ottobre 2021.

naria con sede negli Stati Uniti, Level ATS. Si tratta di un sistema di trading alternativo che «fornisce agli utenti una piattaforma di scambio continua per fare trading in un ambiente *Dark Pool*, consentendo loro di ridurre al minimo la perdita di informazioni e l'impatto sul mercato»[7].

In Australia, inoltre, due *Dark Pools* – ASX Center Point e Chi-X Hidden Liquidity – sono persino integrate nella borsa: «insieme, rappresentano circa il 12% del commercio continuo sul mercato in Australia. La quota oscura in alcuni titoli/settori è significativamente più alta, con i REIT in particolare che spesso hanno più del 30% di scambi sul mercato che si verificano al buio»[8].

Il balzo della volatilità delle borse mondiali e la conseguente erraticità dei prezzi hanno indotto gli investitori a operare su queste piattaforme spesso criticate, nate come alternativa alle grandi borse, prima tra tutte quella di New York. Molti analisti hanno denunciato il fatto che permettere importanti deroghe alla pubblicità sulle transazioni offra infinite possibilità a chi vuole non solo speculare, ma anche e soprattutto perseguire scopi non ortodossi. In altre parole, tra *Dark Pools* e «internalizzatori»[9] la trasparenza non regna sovrana.

A tutto ciò si aggiunge il fatto – non secondario in termini di importanza – che le *piscine oscure* con i loro misteriosi prezzi riescano a confondere e a volte persino distorcere i prezzi reali: «Qual è la quotazione giusta? Quella che vedo sulla normale Borsa o quella che è appena passata con un

---

⁷ A. Smith, *Nasdaq Acquires Minority Stake in US Equity Dark Pool LeveL ATS*, in «The Trade News», del 3 agosto 2021.

⁸ Global Trading, *A Deep Dive into Public Dark Pool Trading in Australia*, in «Markets Media», del 6 ottobre 2021.

⁹ Di fatto le grandi banche che, «usando strumenti finanziari di loro proprietà, eseguono elettronicamente e internamente l'ordine di compravendita dell'investitore. Poi: frenano, pure rimanendo rilevanti, le 'tradizionali' piattaforme telematiche alternative», V. Carlini, *La sfida di broker e banche alle Borse tradizionali*, in «IlSole24Ore», del 17 marzo 2018.

ordine colossale sulla *Dark Pool*? Le piattaforme oscure, inoltre, in momenti di grande stress sui listini, possono inoltre contribuire al caos: non sono trasparenti, non sono adeguatamente regolamentate e - considerando la mole di transazioni - rischiano di trascinare con loro il resto del sistema finanziario, a partire dalle normali Borse»[10].

D'altra parte, queste piattaforme di contrattazione erano nate per far "nuotare" gli investitori in una liquidità elettronica senza permettere al resto del mercato di sapere chi compra e chi vende. Tra l'altro, ad oggi, sono mercati ancora non considerati sedi di negoziazione ai sensi della Mifid (la direttiva europea 2004/39/CE). Fatto inevitabile questo, visto che essa era stata ideata proprio per creare un terreno competitivo uniforme (*level playing field*) tra gli intermediari finanziari dell'Ue, senza pregiudicare la protezione degli investitori e la libertà di svolgimento dei servizi di investimento in tutta la Comunità.

Un terreno, però, il quale pare venga meno in tempi di economia liquida che, come tale, preferisce le acque scure delle *Dark Pools* alla piattaforma normativa imposta da Bruxelles alla faccia della quale si sta invece determinando - come sottolineato dal presidente della SEC Gary Gensler - «una grande concentrazione, realmente riscontrata intorno a questa piccola manciata di market maker che stanno acquistando una parte significativa dell'attività di vendita al dettaglio negli Stati Uniti. E ora circa la metà del nostro mercato non va alle borse illuminate; vanno alle *Dark Pools* e ai grossisti (che sono anche dark). Quindi ci sono alcuni conflitti intrinseci»[11].

---

[10] E. Marro, *Quanto c'entra la finanza ombra («Dark Pool») con il crollo delle Borse?*, in «IlSole24Ore», del 10 febbraio 2016.

[11] Cfr., l'intervento del 1° settembre 2021 di Gary Gensler al Committee on Economic and Monetary Affairs dell'European Parliament in https:// multimedia.europarl.europa.eu/en/committee-on-economic-and-monetary-affairs_20210901-1345-COMMITTEE-ECON_vd.

I mercati finanziari, quindi, in barba alla fideistica convinzione di Adam Smith, sono sempre di più «strettamente controllati da una manciata incredibilmente piccola di istituzioni, che agiscono a porte chiuse e senza regole adeguate»[12]: insomma, nelle *piscine oscure* che rappresentano la cartina di tornasole «del banchiere globale perché con essa il banchiere stesso può fare la politica e la guerra», come scriveva Tyler Durden in una articolo avveniristico e quanto mai calzante dieci anni or sono[13].

---

[12] K. Morris, *SEC Chief: About 'Half of Our Markets' Go to Dark Pools*, in «the Tokenist», del 2 settembre 2021.

[13] T. Durden, *Here Are The Most Actively Traded Names In Goldman's Dark Pool (Or Why Is The Big Money Fascinated With Italy?)*, in «Zero Hedge», del 27 giugno 2011.

Identità digitale o passaporto del villaggio globale?

Come noto, intorno alla metà del Novecento, il filosofo Eric Voegelin pubblicò i primi tre volumi di *Order and History*[1]. Il quarto, uscì dopo quasi vent'anni completando l'*opus magnum* dell'Autore sulle forme fondamentali dell'organizzazione politica.

I decenni che ci distanziano dalla pubblicazione dell'impianto storico-filosofico voegeliniano non debbono trarre in inganno: quelle pagine sono pronte a sostenere la lettura di ciò che accade intorno a noi. Oggi più di ieri.

Partiamo dunque dal titolo dell'ultimo volume: *The Ecumenic Age*[2]: scelta non casuale visto che il tipo di società analizzata da Voegelin era l'impero ecumenico che «si espande da un'unità culturale ed etnica relativamente piccola a un centro di potere mirante a controllare il mondo conosciuto»[3], l'*ecumène*, appunto.

L'analisi muoveva dalle civiltà imperiali dell'antico Medio Oriente e a quelli che segnarono il passaggio dall'ordine persiano a quello romano: l'apertura di una vastità *ecumenica* che, a differenza di quanto si potesse pensare,

---

[1] E. Voegelin, *Order and History*, vol. I-III, Baton Rouge, Louisiana State University Press, 1956-57.

[2] E. Voegelin, *The Ecumenic Age*, Baton Rouge, Louisiana State University Press, 1974.

[3] S.A. McKnight, *Il contributo di Eric Voegelin alla filosofia della storia*, in AA.VV., *La scienza dell'ordine. Saggi su Eric Voegelin*, a cura di G.F. Lami e G. Franchi, Roma, Antonio Pellicani Editore, 1997, p. 95.

aprì ad un'epoca di profonde turbolenze spirituali e crisi di identità.

Come sempre accade quando le identità specifiche vengono diluite in un contenitore ecumenico globale, infatti, il risultato è la frammentazione dell'esperienza umana dell'ordine e della storia. Un esempio su tutti, quello che Polibio rappresenta nella scena di Scipione: «mentre il grande condottiero contempla le rovine di Cartagine non è pervaso dall'orgoglio della vittoria. Al contrario, inizia a piangere. Perché? Perché lo stesso destino di Cartagine attende Roma»[4].

Lo stesso sarebbe dovuto accadere molti secoli dopo davanti altre macerie: quelle del muro di Berlino nel 1989. Non fu così: per giorni i berlinesi suonarono i *clacson* delle auto, ballarono in camicia da notte per strada, baciarono e abbracciarono i vicini sconosciuti, si arrampicarono sugli alberi, affollarono senza biglietto le metropolitane e i supermercati alla ricerca di Marlboro e banane[5].

De facto, l'uomo occidentale era già mutato antropologicamente: piuttosto che rendersi conto – come Scipione – di quanto stesse per accadere, si lanciò nelle braccia del consumismo come testimoniarono le file di russi nel gennaio 1990 all'apertura del primo 'Mac Donald' di Mosca[6].

Il mondo uscito dalla Guerra Fredda si era iniziato a muovere verso una società globale integrata – già decisa dagli epigoni degli ottocenteschi 'padroni del vapore' – creando le premesse per accettare un cambiamento epocale e profondo da un lato e radicale e immediato dall'altro: una trasformazione sociale che avrebbe provocato effetti politici. Fino ad allora, era accaduto esattamente l'opposto.

---

[4] *Ivi*, p. 101.

[5] J. Moran, *November in Berlin: The End of the Everyday*, in «History Workshop Journal», vol. 57, n. 1, del 2004, p. 217.

[6] J. Davis, *History didn't end with the fall of the Berlin Wall – but only now is the new battleground clear*, in «The Conversation», del 7 novembre 2019.

L'economia neoliberista e le politiche pro-mercato hanno trionfato così a livello globale, le ideologie hanno perso progressivamente importanza rispetto alle esigenze del mondialismo e la rivoluzione digitale del web ha cambiato per sempre il mondo dell'informazione e la sua incidenza sui processi decisionali, politici e – come sostenne Fukuyama[7] – storici. Tanto da aver non solo accelerato la storia, ma iniziato a influenzarla: l'economia, fattasi ideologia, ha svuotato gli Stati dei poteri decisionali e anche i concetti stessi di élite e popolo sono stati rimodellati.

Oggi, infatti, questo rapporto va rivisto: se come abbiamo già considerato solo 26 persone detengono le ricchezze di 3,8 miliardi di persone[8] ciò impone un ripensamento delle pur acute teorie di Pasquale Turiello[9] e Gaetano Mosca. All'epoca i due studiosi evidenziarono quanto le élite locali fossero al centro di una rete di rapporti familiari, personali e professionali[10] che le rendeva autoreferenziali. E titolari, quindi, di un potere politico-elettorale dal quale traevano una completa autonomia «dalle forme moderne dell'associazionismo politico, anzitutto dai partiti»[11]. Paiono ormai obsolete anche l'ideologica e livorosa – come al solito – definizione di Eugenio Scalfari e Giuseppe Turani di "razza padrona"[12] e la fortunata operazione editoriale di Sergio Rizzo e Gian Antonio Stella che parlarono di "ca-

---

[7] F. Fukuyama, *La fine della storia e l'ultimo uomo*, Milano, UTET, 1992.

[8] A. Mincuzzi, *Disuguaglianze, in 26 posseggono le ricchezze di 3,8 miliardi di persone*, cit.

[9] P. Turiello, *Governo e governati in Italia*, Bologna, Zanichelli, 1889.

[10] G. Aliberti, *Società politica e ruoli di potere delle élites locali italiani tra l'Otto e il Novecento*, in AA.VV., *Vecchie e nuove Elites*, Roma, Bulzoni, 2000, pp. 95-107.

[11] G. Mosca, *Sulla teorica del governo e sul governo parlamentare: studi storici e realtà*, Torino, Loescher, 1884.

[12] E. Scalfari, G. Turani, *Razza padrona. Storia della borghesia di stato*, Milano, Feltrinelli, 1974.

sta"[13]: entrambe analisi contingenti che misero a fuoco solo la punta dell'iceberg tralasciando, però, ciò che stava sotto, nel *deep*.

Si trattava, infatti, di teorie che continuavano a dare per scontata la centralità della politica considerandone i palazzi ancora come epicentro del potere che muove le sorti del mondo. Ma lo scenario era già ben diverso e peggiore: altro che «trionfo della classe politica»[14]: ieri come oggi, i partiti non esistono più, sono da anni defunti come lo Stato-Nazione – di cui erano espressione – sacrificato com'è stato sull'altare della globalizzazione[15]. Men che meno esiste la politica, schiacciata da un'economia fattasi ideologia.

E così, 26 persone, più che un'élite suggeriscono l'immagine di un circolo iniziatico da cui si originano i meccanismi decisionali che gerarchicamente vengono imposti a miliardi di persone alle quali progressivamente hanno privato di tutto: della libertà di movimento, della libera iniziativa imprenditoriale – si pensi alla grande distribuzione che da decenni cannibalizza quella medio-piccola –, di lavorare – con le politiche di chiusura preventiva nonché i lockdown programmati e attuati per fasce orarie, come se il Covid-19 preferisse diffondersi dalle 22 alle 5 e durante i giorni festivi –, del futuro – come nel 2011 denunciarono gli *indignados* nelle piazze spagnole protestando contro la «minoranza che, sfruttando le proprie condizioni di privilegio, governa contro gli interessi della maggioranza»[16], e, infine, non da ultimo, dell'idea di rivoluzione poiché essa

---

[13] S. Rizzo, G.A. Stella, *La casta. Così i politici italiani sono diventati intoccabili*, Milano, Rizzoli, 2007.

[14] P. Oborne, *The Triumph of the Political Class*, Londra, Simon & Schuster, 2007.

[15] R. Bonuglia, *Chi ha perso, davvero, la seconda guerra mondiale?*, cit.

[16] La frase è del leader degli indignados Pablo Iglesias Turrión, pronunciata nel corso di un'intervista rilasciata a Ana Pastor nella trasmissione televisiva *El Objetivo* andata in onda il 1° giugno 2014.

necessita di nostalgia e utopia[17], entrambe sostituite dalla paura e dalla distopia[18].

L'economia, quindi, ha rappresentato il binario sul quale tali decisioni hanno viaggiato negli ultimi trent'anni ma, ormai, è stata sostituita dal sanitarismo del mondo post pandemico. È questo il «fatto oligarchico»[19] che stiamo vivendo e che si è palesato con l'abbrivio della crisi sanitaria del 2020: i padroni del vapore del Terzo millennio decidono i destini del mondo comodamente seduti nei vagoni di un treno che viaggia sui nuovi binari della paura imposta a miliardi di persone simultaneamente in tutto il «villaggio globale»[20]. Un treno le cui fermate sono rappresentate dal Covid-19, dalle sue mutazioni, dalle infinite ondate, dai necessari vaccini prodotti, sotto sotto, dai soliti noti.

Un mondo, quello del villaggio globale, che ha sostituito da anni lo Stato-Nazione svuotandone i centri di potere locali – Presidenze della Repubblica, Parlamenti, etc. – e che, in quanto Stato ecumenico globale, dopo aver abilmente censito i suoi ignari abitanti volontariamente schedatisi nei social media[21] – veri e propri strumenti «di sorveglianza e controllo in senso totalitario e totalizzante dell'attuale società capitalistica»[22] – ha pronta anche la sostituzione dei documenti, come conferma l'imminente lancio del passaporto sanitario.

---

[17] M. Cacciari, P. Prodi, *Occidente senza utopie*, Bologna, Il Mulino, 2016.

[18] R. Bonuglia, *Dall'utopia alla distopia: l'ultimo furto della globalizzazione*, in «ItaNews24» del 25 dicembre 2020.

[19] R. Aron, *Les désillusions du progrès. Essais sur la dialectique de la modernité*, Parigi, Presses Pocket, 1987.

[20] M. McLuhan, *The Gutenberg Galaxy: The Making of Typographic Man*, Routledge & Kegan Paul, Londra, 1962.

[21] G. Bottà, *USA, social network e schedatura alle frontiere*, in «Punto Informatico», del 23 dicembre 2016.

[22] Cfr. l'intervista a G. Sorci, *I social network. Nuovi sistemi di sorveglianza e controllo sociale*, in «Girodivite», del 22 maggio 2015.

Sarà questo, infatti, il lasciapassare che, al posto del tradizionale passaporto rilasciato dagli Stati nazionali, rappresenterà il documento ufficiale del villaggio globale nel quale non conterà tanto sapere chi si è e cosa si pensa – tutte informazioni già da anni raccolte dalla Rapid Information Overlay Technology[23] – ma se si è in possesso dell'unico requisito necessario al sistema: risultare vaccinati – più che sani – ligi al nuovo ordine mondiale, poter comprovare la propria volontaria sottomissione alle regole imposte dal «governo dei ricchi»[24] comprovando così il proprio status di «schiavitù mentale» del quale parlò in tempi non sospetti Noam Chomsky[25].

E così l'ecumene viene svuotata del senso che ebbe per gli antichi greci – il mondo allora conosciuto, dal greco οἰκέω = abitare – ossia la casa dove tutti vivono. L'espansione ecumenica piuttosto che rappresentare un'occasione di apertura della conoscenza umana – declinata in senso neoliberista globale prima e geopandemico poi – è stata tradotta in una visione della realtà contratta, deformata, arida che obbliga l'uomo a non poter nemmeno uscire da quella casa sopravvivendo, come può, tra la paura di morire e l'alienazione virtuale imposta dai "padroni del vapore 2.0".

Un circolo vizioso, quindi, che impone assolutamente di uscire dall'ecumene arida degli ultimi tempi e riprendere la rotta per Bisanzio.

---

[23] R. Gallagher, *Software that tracks people on social media created by defence firm*, in «The Guardian», del 10 febbraio 2013.

[24] Platone, *La Repubblica*, vol. II, Milano, Bur, 1996, p. 289 [550d].

[25] Ci si riferisce alla lezione tenuta il 20 gennaio 2012 a Cambridge, Massachusetts, ora in N. Chomsky, *Sistemi di potere. Conversazioni sulle nuove sfide globali*, Gravellona Toce, Ponte alle Grazie, 2013, pp. 95-115.

Scientismo, super computer e Intelligenza Artificiale

Partiamo da un dato: una delle companies che ha beneficiato maggiormente della crisi sanitaria del 2020 è stata Nvidia.

Si tratta di una società nota, per lo più, per la fabbricazione di schede video per pc e *device*: tre anni dopo la sua IPO del gennaio 1999, a Wall Street, Nvidia era sconsigliata da più dell'88% degli analisti. All'epoca, infatti, le sue azioni si scambiavano a 2,60 dollari ciascuna mentre ora «valgono 393 dollari, oltre 150 volte il prezzo del 2002»[1].

Ad oggi la performance azionaria di Nvidia è inequivocabile e ha fatto segnare, nella sola annata 2020, un aumento dell'84,13%, come riporta il dato ufficiale di Borsa Italiana. Il titolo ha mantenuto un trend in ascesa anche perché le schede grafiche della serie RTX 3000 prodotte dalla società, rimangono così richieste da essere introvabili[2] sia nei negozi fisici che in quelli online.

Non sorprende, quindi, che per motivi essenzialmente economici – e cioè di lucro, più che di profitto – Nvidia abbia deciso di mantenere una produttività limitata: lo conferma l'ultimo report di Digitimes, che cita fonti anonime della supply chain. Fin qui nulla di nuovo e tutto in linea

---

[1] R. Bonuglia, *Chi ha guadagnato, alla fine, grazie al Covid-19?*, in «Ora Zero», del 18 maggio 2021.

[2] E. Fraschini, *Schede video introvabili? La colpa è (anche) del mining delle criptovalute*, in «Corriere della Sera», del 22 gennaio 2021.

«con la legge della domanda e dell'offerta: i prezzi delle schede grafiche continuano a salire»[3].

Ma c'è dell'altro. E di non poco conto.

Il 13 settembre 2020 Nvidia e SoftBank Group Corporation (SBG) hanno annunciato un accordo definitivo in base al quale la prima acquisirà Arm Limited da SBG e SoftBank Vision Fund – insieme, "SoftBank" – in una delle più grandi operazioni di M&A degli ultimi anni: si tratta di una cifra record, pari a circa 40 miliardi di dollari. Si prevede che la transazione aumenterà immediatamente il margine lordo non GAAP e gli utili per azione non GAAP di Nvidia.

Nvidia ha comprato Arm perché si tratta di uno dei principali progettisti di chip che applicheranno il deep learning nel mondo reale, la cosiddetta «inference at the edge» che in tempi non sospetti è stata ribattezzata «the edge of inside»[4]: il processo di prendere quel modello, distribuirlo su un dispositivo che elaborerà i dati in arrivo (di solito immagini o video), per cercare e identificare tutto ciò che è stato addestrato a riconoscere... il riconoscimento facciale, l'ispezione visiva, il rilevamento di oggetti, il tracciamento della targa di automobile, il monitoraggio dei comportamenti, tanto per fare qualche esempio.

Tradotto in termini più pratici, la questione e la partita trascendono la produzione di schede grafiche per soddisfare le ambizioni del più accanito dei nerd o dei giocatori online in tempi di lockdown.

In ballo c'è molto altro: come riporta il comunicato stampa ufficiale della società, infatti, la combinazione che si originerà dall'acquisizione riunirà «la piattaforma di elaborazione AI leader di Nvidia con il vasto ecosistema di Arm per creare la principale azienda informatica per l'e-

---

[3] P. Centofanti, *Le schede Nvidia continueranno ad essere introvabili fino a dopo l'estate, e i prezzi schizzano alle stelle*, in «DDay», del 16 marzo 2021.

[4] D. Brooks, *At the Edge of Inside*, in «The New York Times», del 24 giugno 2016.

ra dell'intelligenza artificiale, accelerando l'innovazione mentre si espande in mercati ampi e in forte crescita. SoftBank continuerà a impegnarsi per il successo a lungo termine di Arm attraverso la sua quota di proprietà in Nvidia, che dovrebbe essere inferiore al 10%»[5].

La partita, insomma, si gioca sull'Intelligenza Artificiale (AI) ossia «la forza tecnologica più potente del nostro tempo che ha lanciato una nuova ondata di computing», come ha affermato lo stesso Jensen Huang, fondatore e CEO di Nvidia: «Negli anni a venire, trilioni di computer che eseguono l'intelligenza artificiale creeranno un nuovo Internet delle cose che è migliaia di volte più grande dell'odierna Internet delle persone. La nostra combinazione creerà un'azienda posizionata in modo favoloso per l'era dell'intelligenza artificiale»[6].

Nell'aprile 2021, non a caso, Nvidia ha annunciato la realizzazione della sua prima CPU per data center basata sull'architettura Arm: in altre parole, un processore che «fornirà prestazioni 10 volte superiori ai server odierni anche nel caso di carichi di lavoro di elaborazione e AI più complessi»[7].

Ma cos'è un chip AI? *De facto*, un processore che è stato ottimizzato per eseguire carichi di lavoro di machine learning, tramite framework di programmazione come Tensor-Flow di Google e PyTorch di Facebook, altri due FAANG che di certo dalla primavera 2020 non ci hanno rimesso[8].

---

[5] Cfr., il comunicato stampa ufficiale *NVIDIA to Acquire Arm for $40 Billion, Creating World's Premier Computing Company for the Age of AI*, del 13 settembre 2020.

[6] A. Marino, *Ufficiale: Nvidia ha acquistato Arm per 40 miliardi di dollari*, «Tech Every Eye», del 14 settembre 2020.

[7] F. Santin, *Nvidia annuncia Grace, CPU Arm per datacent "10 volte più potente" dei chip attuali*, in «Tech Every Eye», del 12 aprile 2021

[8] Per FAANG si intende la famiglia delle azioni Tech: Facebook, Amazon, Apple, Netflix e Google. In altre parole, sono i cinque protagonisti di Wall Street durante i mesi funestati dalla crisi sanitaria caratterizzati

Nasce quindi "Grace", un nome che tradotto in italiano, significa "grazia", dal latino *gratia*, e dal greco χάρις, *cháris*: parole che in teologia identificano l'azione libera dell'amore del Dio trino, mediante cui Egli stabilisce nella storia una comunione personale con gli uomini per donare loro la salvezza. Da oggi il termine, invece, indicherà il primo processore basato interamente sull'IA e che potrà essere impiantato, in prospettiva, nei device destinati all'utenza privata. A tutti coloro i quali, cioè, che alla grazia di Dio preferiranno optare per Grace: ovviamente pagando per mettere in comunione ogni singolo aspetto della propria vita col chip dell'IA.

Nel frattempo, il progetto è stato sperimentato ovviamente al riparo da sguardi indiscreti: come riportato da Reuters, infatti, già nell'ottobre 2020 era filtrata la notizia della realizzazione del supercomputer più potente della Gran Bretagna, il Cambridge-1 «che si colloca al 29° posto nella lista dei Top 500 dei supercomputer più potenti del mondo»[9] e che presto cederà il passo al Cambridge-2 anch'esso basato su processori Arm e ancora più potente del primo[10].

Il tutto si colloca nell'alveo di un più ambizioso progetto, quello di creare un centro di eccellenza per l'IA nella città universitaria che dà il nome al supercomputer. Un laboratorio, quindi, che fungerà da hub di collaborazione per ricercatori, scienziati e startup in tutto il Regno Unito.

E nel quale il supercomputer incontrerà la "ricerca" me-

---

dalla più incisiva divergenza tra le Borse internazionali e le economie "reali" di tutto il mondo», R. Bonuglia, *Nel FAANG del Covid-19*, in «Pensiero Forte», del 29 luglio 2020.

[9] Cfr., l'agenzia stampa Reuters *Nvidia building UK supercomputer to boost COVID-19 research*, del 5 ottobre 2020,

[10] R. Da Silva Dores, W. Moté, *Nvidia dobra investimento em supercomputador no Reino Unido com a ARM em mente*, in «Canal Tech», del 21 giugno 2021.

dica: ebbene sì, visto che la stessa agenzia stampa citata riporta che GlaxoSmithKline (GSK) e AstraZeneca «entrambe coinvolte nella ricerca sui vaccini contro il coronavirus, saranno due delle prime aziende farmaceutiche a sfruttare la potenza della macchina»[11].

Nvidia, quindi, è passata dai giochi e dall'hardware grafico per dominare i chip IA. L'eminenza grigia dietro questa svolta è Bryan Catanzaro che «guida la ricerca sul deep learning presso la società e che [...] aveva sviluppato GPU per l'intelligenza artificiale mentre era ancora uno studente universitario a Berkeley, prima di entrare a far parte di Nvidia nel 2008»[12].

Alla fine, insomma, i ricercatori di GSK e Astrazeneca saranno tra i primi a sfruttare la struttura di Cambridge che consentirà loro di utilizzare strumenti di AI per «risolvere sfide mediche urgenti», comprese quelle presentate dalle emergenze sanitarie, secondo Nvidia[13].

Il fatto che «per affrontare le nuove sfide nella sanità servirà l'impiego massivo di potenza di calcolo e algoritmi di intelligenza artificiale»[14] non tranquillizza poi così tanto se si considerano i costi in termini di privacy – e non solo – che saranno affrontati sull'altare del nuovo supercomputer: vengono in mente le parole di Leon Kass quando scrisse, già nel 1985, che avevamo pagato «un prezzo molto alto per la conquista tecnologica della natura, ma non così altro quanto quello intellettuale e spirituale che riduce la natura a mero materiale oggetto della nostra manipolazio-

---

[11] Reuters, *Nvidia building UK supercomputer to boost COVID-19 research*, cit.

[12] N. Kobie, *NVIDIA and the battle for the future of AI chips*, in «Wired», del 17 giugno 2021.

[13] S. Duke, *Arm buyer Nvidia offers Covid research help*, in «The Times», del 6 ottobre 2020.

[14] L. Tremolada, *Da Nvidia 40 milioni di sterline per un nuovo supercomputer contro il coronavirus*, in «IlSole24Ore», del 5 ottobre 2020.

ne [...] Con le potenzialità dell'ingegneria biologica di cui oggi possiamo disporre, ci saranno nuove e splendide opportunità in vista di un degrado simile, ma dell'uomo... e ovviamente se arriviamo a considerarci solamente carne, allora carne diventeremo»[15].

A ciò bisogna aggiungere che le attuali tecnologie riescono già «a gestire una grande quantità di dati creando profili individuali e individuando dei modelli sia nel comportamento di un individuo sia in quello di una popolazione. I regimi nazisti e comunisti facevano tutto questo manualmente su una scala minore, mentre oggi la tecnologia permette di farlo su scala globale»[16].

Viene quindi da chiedersi se andremo incontro ad un "mondo nuovo", per dirla con Aldous Huxley[17] o verso un lungo 1984, per dirla con George Orwell[18].

Due libri molto citati di questi tempi, entrambi distopici ma profondamente diversi dagli approcci: Orwell immaginava che saremmo stati sopraffatti da un dittatore. Nella visione di Huxley non sarà il *Grande Fratello* a toglierci l'autonomia privandoci della cultura e della storia: la gente sarà felice di essere oppressa e adorerà la tecnologia che libera dalla fatica di pensare. Orwell temeva che i libri sarebbero stati banditi, mentre Huxley aveva paura non che i libri fossero vietati, ma che non ci fosse più nessuno desideroso di leggerli. Orwell guardava con sospetto quelli che ci avrebbero privato delle informazioni, Huxley quelli che ce ne avrebbero fornite troppe, fino a ridurci alla passività e all'egoismo. Orwell paventava che la verità sarebbe

---

[15] L. Kass, *Toward a More Natural Science: Biology and Human Affairs*, New York, Free Press, 1985, pp. 76-77.

[16] Cfr., la testimonianza di D. Crookes rilasciata in J.C. Lennox, *2084*, Michigan, Usa, The Zondervan Corporation, 2020, pp. 25-26.

[17] A. Huxley, *Brave new world*, Londra, Chatto & Windus, 1932.

[18] G. Orwell, *Nineteen eighty-four: a novel*, Londra, Secker & Warburg, 1949.

stata manipolata, Huxley che sarebbe diventata irrilevante. Orwell riteneva che la nostra sarebbe stata una civiltà di schiavi, Huxley che sarebbe stata una cultura di cialtroni... In breve, «Orwell temeva che saremmo stati distrutti da ciò che odiamo, Huxley da ciò che amiamo»[19].

Alla fine, purtroppo, non serve certo il ricorso all'IA, per intuire che potrebbero aver avuto ragione entrambi.

---

[19] N. Postman, *Amusing Ourselves to Death: Public Discourse in the Age of Show Business*, New York, Penguin, 2006, pp. XIX-XX.

Dal transumanesimo all'eutanasia casalinga: cybergenetica, intelligenza sintetica, crionica

Era il 1956 quando – nel corso di un campus estivo svoltosi presso il Dipartimento di matematica della Dartmouth University – l'organizzatore di quel *workshop* coniò l'espressione con la quale, ancora oggi, indichiamo sia le macchine intelligenti sia il *know how* che serve per produrle.

In quell'occasione, infatti, John McCarthy espose la ricerca condotta dal suo gruppo l'anno prima e nella quale descrisse il termine l'Intelligenza Artificiale (IA) come «il lavoro scientifico e ingegneristico volto a creare macchine intelligenti»[1].

L'obiettivo del fondatore del celebre laboratorio di Stanford era quello di esplorare nuovi modi per creare una macchina in grado di ragionare come un essere umano e che fosse, *de facto*, capace di elaborare un pensiero astratto, la risoluzione di problemi e l'auto-miglioramento.

Tanto per capire chi fosse McCarthy giova ricordare che si tratti dell'inventore, nel 1958, del linguaggio informatico Lisp che è diventato quello più usato nella programmazione IA standard. Un codice, cioè, che continua ad essere utilizzato ancora oggi, non solo nella robotica e in altre applicazioni scientifiche, ma in una pletora di servizi basati su Internet: dal rilevamento delle frodi con carta di credito alla pianifi-

---

[1] J. McCarthy, M.L. Minsky, N. Rochester, C.E. Shannon, *A Proposal for the Dartmouth Summer Research Project on Artificial Intelligence*, paper del 31 agosto 1955.

cazione delle compagnie aeree. Negli ultimi anni, il Lisp ha anche aperto la strada alla tecnologia di riconoscimento vocale, come "Siri", l'applicazione di assistenza personale degli iPhone, tanto per intenderci. Infine, lo "zio John" presentò negli anni Settanta «un documento sull'acquisto e la vendita tramite computer, prevedendo l'e-commerce»[2].

L'approccio di ricerca sull'IA si sviluppò ben presto su due linee direttrici: la prima cercava di comprendere i processi del pensiero e del ragionamento umani attraverso modelli generati dai computer; la seconda, invece, iniziò a studiare il comportamento umano perseguendo l'obiettivo di realizzare delle macchine che fossero in grado di imitarlo[3].

Il secondo di questi indirizzi è stato quello che ha suggerito – ad alcuni ricercatori – di «scoprire come far usare il linguaggio alle macchine, formare astrazioni e concetti, risolvere tipi di problemi ora riservati agli umani»[4].

Uno di questi fu senza dubbio Irving John Good il quale, nel 1965, elaborò un altro concetto, quello dell'Intelligenza Artificiale Generale (IAG) che egli stesso sintetizzò così: «Definiamo ultra intelligente una macchina che può superare, di gran lunga, qualunque attività intellettiva umana. Poiché la progettazione di queste macchine è, a sua volta, un'attività intellettiva, ne consegue che una macchina ultra intelligente può progettare macchine migliori; ci sarebbe allora un'indiscutibile "esplosione intelligente", e l'intelligenza umana verrebbe lasciata dietro. Quella della macchina ultra intelligente, sarebbe, quindi, l'ultima invenzione necessaria all'uomo»[5].

---

[2] M. Childs, *John McCarthy: Computer scientist known as the father of AI*, in «Independent», del 1° novembre 2011.

[3] Cfr., S. Russel, P. Norvig, *Artificial Intelligence. A Modern Approach*, Harlow, Pearson, 2016, pp. 1-5, *passim*.

[4] G. Press, Artificial Intelligence (AI) Defined, in «Forbes», del 27 agosto 2017.

[5] I.J. Good, *Speculations Concerning the First Ultraintelligent Machine*, in

Il che, in parole povere – per noi poveri umani – significherebbe creare un nuovo *Big Bang* – ammesso e non concesso che il primo sia mai accaduto – dell'intelligenza, un nuovo inizio, un *Great Reset*[6] in cui sarebbe azzerata tutta la tradizione, la memoria, la storia, la letteratura, i diversi modelli di pensiero critico, le abilità interpretative e comunicative frutto di secoli di storia[7].

Insomma, significherebbe trascendere e resettare, per dirla con Armando Saitta, il «cammino umano»[8] finora compiuto realizzando quanto espresso in nel romanzo distopico – poco citato rispetto a quelli di Aldous Huxley[9] e George Orwell[10] – di Dan Brown. Ci riferiamo a *Origin*, nel quale la conclusione aberrante alla quale arriva il protagonista è la seguente: «Le nuove tecnologie come la cybergenetica, l'intelligenza sintetica, la crionica, l'ingegneria molecolare e la realtà virtuale cambieranno per sempre il modo di essere umano. So che fra voi ci sono alcuni che credono di essere, come *homo sapiens*, la specie scelta da Dio. Posso comprendere che per voi questa notizia sembri la fine del mondo, ma, vi prego, credetemi... il futuro è molto più radioso di quanto non possiate immaginare»[11].

Sarebbe il trionfo del transumanesimo, termine sul quale molti scrivono oggi e che pare utile riassumere con le parole di Sir Julien Huxley – figlio di Leonard, nipote di Thomas e fratello del più savio di tutti, Aldous – il quale scrisse,

---

AA.VV., *Advances in Computers*, vol. VI, a cura di F.L. Alt e M. Rubinoff, New York, Academic Press, 1965, p. 33.

[6] C.M. Viganò, *A Meditation on the "Great Reset" and the Liberty of Christians*, cit.

[7] R. Bonuglia, *Dalla 'Great Transformation' al 'Great Reset': l'altra faccia dell'utopia globalista*, in *ivi*, del 10 dicembre 2020.

[8] A. Saitta, *Il cammino umano*, Firenze, La Nuova Italia, 1952.

[9] A. Huxley, *Brave new world*, cit.

[10] G. Orwell, *Nineteen eighty-four: a novel*, Londra, Secker & Warburg, 1949.

[11] D. Brown, *Origin*, New York, Doubleday, 2017, p. 411.

alla fine degli anni Cinquanta: «Credo nel transumanesimo: quando ci sarà un numero sufficiente di persone che sosterranno questo progetto, la specie umana si troverà sulla soglia di una nuova esistenza, differente dalla nostra, almeno quanto lo è quella dell'*homo erectus*. L'umanità, a quel punto, compirà consapevolmente il suo vero destino»[12].

Se così fosse, viene alla mente un verso del Sommo Poeta: «Le parole non possono raccontare quel cambiamento transumano»[13]. Un cambiamento, insomma, che renderebbe gli uomini "strumenti dei loro stessi strumenti"[14] e l'umanità, una vera e propria «razza estinta»[15], per dirla con Andrea Larsen.

Sarebbe proprio così, in effetti: come descrivere un quadro così distopico, inquietante, alienante nel quale verrebbe a prevalere una tale prospettiva di intendere il futuro attraverso l'IA e che «afferma e auspica la possibilità di migliorare, in modo rilevante, la condizione umana [...] sviluppando e rendendo ampiamente disponibili tecnologie per sconfiggere l'invecchiamento e potenziare sensibilmente le capacità umane intellettive, fisiche e psicologiche»[16] per poi trasferirle alle macchine?

Un futuro che ormai pare essere il presente se si considerano le attuali idee del transumanesimo – già indissolubilmen-

---

[12] J. Huxley, *New Bottles for New Wine*, Londra, Chatto & Windus, 1957, p. 17.

[13] Dante Alighieri, *The Vision; or Hell, Purgatory, and Paradise*, vol. III, Londra, Taylor and Hessey, 1819, p. 8.

[14] Cfr., H.D. Thoreau, *Walden*, Londra, Walter Scott, 1886, cit. in A. Larsen, *18 frasi contro la Tecnologia*, del 15 giugno 2020.

[15] Si tratta di un canale YouTube «dedicato ai pochi, agli incompresi, agli eroi che un giorno salveranno vite, mondi, Ere intere» curato da Andrea Larsen, cfr., https://www.youtube.com/channel/UC03b0BsdkEWM-DP5xnUIb4NA.

[16] N. Bostrom, *The Transhumanist FAQ. A General Introduction*, in AA.VV., *Transhumanism and the Body: The World Religions Speak*, a cura di C. Mercer e D.F. Maher, New York, Palgrave Macmillian, 2014, p. 1.

te legate all'emulazione completa del cervello umano – e che hanno portato, ad esempio, «migliaia di svedesi ad aprire la strada verso l'uso di microchip futuristici impiantati sotto la pelle della mano»[17] e alcune persone ad affidarsi a Scottsdale – in Arizona – ai servizi di "brain preservation" offerti dalla Alcor pagando «per far congelare i propri corpi e/o cervelli riempiendoli di un antigelo per uso medico raffreddato a meno 196° Celsius e conservati in una vasca di azoto liquido insieme ad altri 170 "compagni" in attesa di una seconda vita»[18].

La crionica è, in un certo senso, l'ultima frontiera dell'utopia scientista che pervade la minoranza "illuminata" al lavoro ormai da anni in questa inquietante direzione. E che volge i suoi sforzi a cambiare l'esperienza umana in modo radicale e completo. Secondo la direttrice della Alcor, Linda Chamberlain, ad esempio, anche l'idea della morte come "interruttore on-off" è ormai superata, come l'idea «di dover fare i conti con Dio, dopo tutto, nonostante tutti i sogni di onnipotenza; o, altrimenti, con il Nulla»[19]. Stiamo parlando di una signora che «lavora proprio in fondo al corridoio da suo marito. Gli passa davanti ogni giorno. Di tanto in tanto si ferma per controllarlo e salutarlo. L'unico problema è che Fred Chamberlain è morto da otto anni. [...] Quindi, quando Linda fa visita a Fred, gli parla attraverso il muro di acciaio inossidabile isolato di una camera di conservazione alta 10 piedi. [...] Poggia la mano sull'acciaio freddo e gli dà una carezza amorevole. Essere in una stanza con 170 morti non è morboso per lei»[20].

---

[17] L. Chadwick, R. Wasserman, *Will microchip implants be the next big thing in Europe?*, in «Euronews», del 1° giugno 2021.

[18] C. Reilly, *Cryonics, brain preservation and the weird science of cheating death*, in «CNet», del 9 luglio 2020.

[19] F. Lamendola, *La malattia della modernità consiste nel rifiuto della sofferenza, malattia, vecchiaia e morte*, in «Quaderni Culturali delle Venezie» dell'Accademia Adriatica di Filosofia "Nuova Italia", del 1° maggio 2020.

[20] C. Reilly, *Cryonics, brain preservation and the weird science of cheating death*, cit.

Sviluppare l'IA al fine di trasferire le capacità umane alle macchine è quindi legata da un sottile filo rosso – quello di un'estensione ipertrofica dell'Io dei fautori del transumanesimo – all'idea di poter rinviare persino l'appuntamento della morte o comunque di appropriarsi della prospettiva, come fa la crionica, di concedere una possibile nuova vita dopo l'incontro con *La Commare secca*[21], tanto per citare il film pasoliniano diretto da Bernardo Bertolucci. In altre parole, l'obiettivo di fondo non è quello di migliorare la vita umana, ma quella di realizzare un'"umanità" nuova realizzando, come auspicato da Yuval Noah Harari, il passaggio dall'*homo sapiens* all'*homo deus*[22].

Eppure lo stesso cosmologo ateo Stephen William Hawking che del presunto "Big Bang" e dei buchi neri si è occupato[23] per molte decadi nel suo libro postumo scrisse: «Mentre le forme primitive di intelligenza artificiale sviluppate finora si sono dimostrate molto utili, tempo le conseguenze della creazione di qualcosa che possa eguagliare o superare gli esseri umani [...] gli umani, limitati da una lenta evoluzione biologica, non potrebbero competere e verrebbero sostituiti. [...] Un'IA super-intelligente sarebbe estremamente efficace nel raggiungere i suoi obiettivi, e se quest'ultimi non fossero in linea con i nostri, allora saremmo nei guai»[24].

---

[21] Si tratta di un film prodotto in Italia da Antonio Cervi nel 1962 e diretto da Bernardo Bertolucci su un soggetto di Pier Paolo Pasolini che a sua volta aveva ripreso la definizione della morte da un sonetto di Giuseppe Gioacchino Belli «... e già la Commaraccia secca de strada Giulia arza er rampino». Il sonetto, intitolato *Er tisico* è in G.G. Belli, *Poesie inedite*, vol. I, Roma, Tipografia Salviucci, 1865, p. 251.

[22] Y.N. Harari, *Sapiens: A Brief History of Humankind*, Londra, Harvill Secker, 2014 e Id., *Homo Deus: A Brief History of Tomorrow*, Londra, Harvill Secker, 2016. La trilogia del docente si è completata con Id., *21 Lessons for the 21st Century*, Londra, Jonathan Cape, 2018.

[23] S. Hawking, *A Brief History of Time. From the Big Bang to Black Holes*, Londra, Bantam, 1988.

[24] S. Hawking, *Brief Answers to the Big Questions*, Londra, Murray, 2018, pp. 186-188.

Facendo proprio il monito di Hawking, viene da sperare che quanti considerino «la morte fisica [...] un mero problema tecnico che richiede una soluzione da parte della scienza medica»[25] non riescano a persuaderci del fatto che di Eterno – in una prospettiva trascendentale – ci sia solo Dio e di immortale – su questa terra – ci sia solo l'eredità che si fa *traditio* quando arriva a noi da chi ci ha preceduto.

D'altra parte, «il progresso non è altro che un'idea moderna, ossia un'idea sbagliata»[26].

---

[25] Y.N. Harari, *Homo Deus: A Brief History of Tomorrow*, cit., p. 22.

[26] F.W. Nietzsche, *Frasi immortali di Friedrich W. Nietzsche*, a cura di A. Larsen, [s.l.], WarWave, 2021, p. 89.

Conseguenze e impatti delle M&A nella geopolitica globale

Uno dei dati di partenza più aggiornati per comprendere la dimensione del fenomeno Mergers and Acquisitions (M&A) nella politica economica globale è quello dell'ammontare complessivo delle operazioni registrate nel dicembre 2019 (17,03 miliardi di dollari) a fronte dello stesso mese dell'anno successivo (68,81). Nell'ultimo dicembre del mondo pre pandemico, infatti, il dato segnava un calo del 44,7% rispetto al mese precedente e un calo del 35,8% rispetto alla media degli ultimi 12 mesi, che si attestava a 26,51 miliardi di dollari.

A livello internazionale, il valore delle operazioni in diverse regioni del globo, il Nord America manteneva il primato, con un totale di operazioni annunciate nel periodo per un valore di 5,99 miliardi di dollari. A livello nazionale, invece, gli Stati Uniti erano in cima alla lista in termini di valore dell'operazione a 5,95 miliardi. In termini di volumi, il Nord America risultava la regione principale per le operazioni di M&A del settore tecnologico a livello globale, seguita dall'Europa e poi dall'Asia-Pacifico. Il primo paese in termini di attività di operazioni di fusione e acquisizione a dicembre 2019 sono stati gli Stati Uniti con 152 operazioni, seguiti dal Regno Unito con 42 e dal Canada con 22[1].

---

[1] «The top five technology industry deals of December 2019 tracked by GlobalData were: 1) Brookfield Infrastructure Partners' $3.56bn as-

Il dato del dicembre 2020, invece, evidenziava numeri del tutto diversi e tutti considerevolmente maggiori, in crescita di fatto esponenziale: il valore ha segnato un calo del 20,03% rispetto al mese precedente e un aumento del 35,9% rispetto alla media degli ultimi 12 mesi, che si attestava a 51,38 miliardi di dollari. Confrontando il valore delle operazioni in diverse regioni del globo, il Nord America ha mantenuto la prima posizione, con un totale di operazioni annunciate nel periodo per un valore di 46,33 miliardi di dollari. A livello nazionale, gli Stati Uniti si confermavano in cima alla lista in termini di valore dell'operazione con 45,88 miliardi di dollari. Anche nel mondo post pandemico, in termini di volumi, il Nord America è rimasta la regione principale per le operazioni di M&A del Tech a livello globale, seguita dall'Europa e poi dall'Asia-Pacifico. Il primo paese in termini di attività di operazioni di fusione e acquisizione nel dicembre 2020 sono stati ancora gli Stati Uniti con 256 operazioni, seguiti dal Regno Unito con 55 e dalla Cina con 45[2] che toglie il terzo posto al Canada rispetto al dato 2019.

Complessivamente, alla fine di dicembre 2020, sono state annunciate operazioni di fusione e acquisizione di tecno-

---

set transaction with Reliance Industrial Investments and; 2) The $2.6bn acquisition of Cincinnati Bell by Brookfield Infrastructure Partners; 3) Intel's $2bn acquisition of Habana Labs; 4) The $1.65bn acquisition of Dynetics by Leidos Holdings; 5) TELUS International's acquisition of Competence Call Center for $1.01bn», cfr., i dati in AA.VV., *Technology industry M&A deals in December 2019 total $17.03bn globally*, in «Verdict», del 23 gennaio 2020.

[2] «The top five technology industry deals of December 2020 tracked by GlobalData were: 1) Salesforce.Com's $27.7bn acquisition of Slack Technologies 2) The $4.49bn acquisition of Siltronic by GlobalWafers 3) Flutter Entertainment's $4.18bn acquisition of Fanduel 4) The $3.2bn asset transaction with Oi by Claro, Telefonica Brasil and TiM 5) The merger of Line and Shiodome Z Holdings for $3.1bn», cfr., i dati in AA.VV., *Technology industry M&A deals in December 2020 total $69.81bn globally*, in «Verdict», del 27 gennaio 2021.

logia per un valore di 634,11 miliardi di dollari a livello globale, segnando un aumento del 91,8% "year on year". Il che può senz'altro far parlare di boom post pandemico delle M&A nel settore del Tech.

Le radici di questo aumento delle operazioni sono evidentemente legate al clima indotto dalla diffusione del Covid-19 e dalle sue conseguenze sulla vita quotidiana di miliardi di persone: dalla diffusione dell'e-commerce alla rivoluzione imposta dallo smart working e dalla didattica a distanza che hanno portato le aziende ad attuare nuove strategie spingendosi verso la R&S.

Si pensi solo al caso della comunicazione: le app che prima erano snobbate in molti mercati – soprattutto nell'Europa mediterranea – come quelle di video chiamata sono inaspettatamente divenute fondamentali per studiare, lavorare, vedere i propri familiari e comunicare tra le persone.

Ciò ha indotto una vera rivoluzione tra gli operatori di questi servizi – le cui potenzialità non sono certo sfuggite ai FAANG[3] – ed il resto è stato fatto dalla proliferazione di start-up che hanno cercato di intercettare i nuovi bisogni del mercato: da quelle per il food delivery a quelle per il controllo dell'home fitness, dalle tradizionali app per comunicare a quelle per evadere e/o giocare in streaming.

D'altra parte, già in tempo non sospetti era chiaro che «but even in developed countries, being a better investor

---

[3] «Tech companies have a lot of money. Alphabet, Amazon, Apple, and Microsoft have eclipsed a trillion-dollar market cap. And one thing tech giants love to do with their money is scoop up other companies in massive merger and acquisition (M&A) deals. Every year, billions upon billions of dollars change hands in service of corporate consolidation. New blockbuster tech deals reshape the landscape so often that we decided to keep track of the most lucrative ones. The list starts with deals of only a couple billion and works its way up to the biggest tech mergers and acquisitions we've seen to date», cfr., AA.VV., *The Biggest Tech Mergers and Acquisitions of All Time*, in «PC Mag», del 12 aprile 2021.

gives scope for creating value. In new, fast-growing industries, which experience considerable competitive uncertainty, investors that understand their domain can bring a lot of value. In the virtual reality space, for example, app developers were confident that Oculus would be a successful new platform after Facebook acquired it, in 2014, because they were certain that Facebook would provide the requisite resources. So they developed apps for it, which in turn increased the platform's chances of success»[4].

Il nuovo assetto "digitale" della vita post-pandemica ha creato le premesse per una serie di operazioni che a volte erano già state avviate – ed hanno perciò subito un'accelerazione verso il closing – e, in altri casi, non preventivate, sono divenute essenziali per contrastare la crisi di alcuni ambiti.

Alcuni esempi possono essere fatti partendo dalla già citata operazione di Saleforce che ha accelerato le operazioni di M&A dell'app di messaggistica Slack al fine di combinare Slack con Customer 360 CRM di Salesforce dando vita ad un sistema operativo aggiornato e competitivo per il nuovo modo di lavorare. E, soprattutto, per competere con Microsoft Teams, ovviamente: per contrastare la carenza di componenti informatici causata dal Covid-19 nell'ottobre 2020, AMD ha acquistato la società di semiconduttori Xilinx per 35 miliardi di dollari perseguendo lo scopo – nonché la strategia commerciale – di aiutare il produttore di chip a competere con Intel e Nvidia nel mercato dei data center. Xilinx, infatti, è un'azienda di San Jose nota per la produzione di chip FPGA (field programmable gate array), che trovano impiego nell'industria delle telecomunicazioni, automobilistica, aerospaziale e della difesa per alimentare l'hardware. A differenza di un processore CPU generale, di fatto, un FPGA non necessita di istruzioni software

---

[4] R.L. Martin, *M&A: The One Thing You Need to Get Right*, cit.

per l'esecuzione. Invece, il chip può essere programmato via hardware tramite circuiti integrati riconfigurabili, consentendo una latenza inferiore: il che trova larga richiesta nel gaming, nel lavoro da remoto, in taluni casi nella didattica a distanza di livello universitario (modellazione e stampa 3D su tutti).

Sempre nel 2020 wearOS di Google ha faticato contrastare il successo del watchOS di Apple, quindi ha acquisito Fitbit il dispositivo di fitness tracker più venduto al mondo per 2,1 miliardi di dollari. Non è ancora chiaro come Google utilizzerà la tecnologia Fitbit, ma l'accordo apre la strada al colosso tecnologico per iniziare a produrre il proprio smartwatch con il marchio dell'azienda. Google sta inoltre assorbendo i 29 milioni di utenti attivi che attualmente indossano dispositivi di monitoraggio della salute Fitbit.

E poi i pagamenti mobili: in America «TurboTax maker Intuit announced it would absorb a competitor in the tax preparation sector by acquiring Credit Karma for $7.1 billion. Later that year, the US Justice Department said it would permit the merger, but only because Intuit agreed to divest Credit Karma's tax business. That business went to Square, the mobile payments provider, which paid $50 million for it»[5].

Sempre nel 2020, infine, l'acquisizione di Arm da parte di Nvidia: un'operazione da 40 miliardi di dollari che l'ha resa la seconda M&A in termini di valore di tutti i tempi dalla quale si origina «the combination brings together NVIDIA's AI computing platform with Arm's ecosystem to create the computing company for the age of AI, accelerating»[6].

Anche i primi dati disponibili per il primo trimestre 2021 hanno confermato il trend esponenziale delle M&A

---

[5] AA.VV., *The Biggest Tech Mergers and Acquisitions of All Time*, in «PC Mag», del 12 aprile 2021.

[6] A. Coop, *The 12 biggest tech acquisitions of all time*, cit.

post-Covid in hardware, software e services che hanno già toccato i tre miliardi di dollari: «the pace of acquisitions will increase in 2021, according to two-thirds of company executives, bankers, and other dealmakers surveyed by Morrison & Foerster last December. That's the most optimistic forecast in almost seven years, according to the law firm»[7].

Lo confermano alcune operazioni come quella di Wipro che il 1° aprile 2021 ha deciso di acquisire Ampion, una società australiana costituita nel settembre 2020 dalla fusione del fornitore di servizi IT Revolution IT e della società di sicurezza informatica Shelde, per un valore di 117 milioni di dollari. Con l'accordo, la gigantesca società indiana di consulenza IT e processi aziendali sta cercando di aumentare le sue operazioni in Australia per trarre vantaggio dalla crescente adozione di soluzioni cloud.

Alla pari anche la decisione di ServiceNow che ha annunciato - sempre nella primavera 2021 - l'intenzione di rilevare Intellibot, il fornitore indiano di automazione dei processi robotici (RPA) grazie al quale amplierà sia la sua piattaforma di gestione del flusso di lavoro che la sua forza lavoro indiana. L'India è già la sede del secondo centro di ricerca e sviluppo di ServiceNow e l'accordo consentirà di raddoppiare il proprio organico nel Paese nei prossimi tre anni.

E non sorprende, inoltre, il crescente interesse di alcuni colossi - Microsoft e Oracle su tutti[8] - verso il fenomeno

---

[7] P. Sayer, *The biggest enterprise technology M&A deals of 2021*, in «CIO», del 9 aprile 2021.

[8] «As of Feb. 11, a bid by Oracle and Walmart for 20% of TikTok Global, a sort of mobile YouTube used by millions of teenagers, was still on hold. The Trump administration didn't want TikTok's Chinese parent ByteDance controlling an app on millions of U.S. smartphones, prompting ByteDance to create a US subsidiary and search for a buyer. President Biden, though, is in no rush to approve the deal while his administration reviews its policy on China», cfr., *ibidem*. In tal senso

Tik Tok, l'app che ha spopolato tra i millennials di tutto il mondo: «leading up to this wave of M&A has been the transformation of consumer behavior toward "on-demand" viewing and engagement. There will absolutely continue to be "live" media events, like awards shows and big games (Oscars, Super Bowl, etc.), but this model is here to stay. COVID was an accelerant, not the cause. Being stuck inside, people had more time to focus on media and entertainment. They discovered that they never want to go back to the old "broadcast" model as the predominant method for delivering content. They declared loudly and clearly that they want to be in charge of what they see, when, and how!»[9].

Anche per il 2022 le prospettive sul fenomeno M&A non si disallineano rispetto ai trend degli ultimi due anni: il Fondo Monetario Internazionale (FMI), infatti, ha stimato che grazie alle operazioni in corso l'economia dell'eurozona dovrebbe crescere del 4,3% e quella del Regno Unito di cinque punti percentuali[10].

Al contempo, la M&A continuano ad incidere sulle linee di investimento e di transizione ecologica che stanno caratterizzando la politica economica internazionale degli ultimi anni: presentando l'ultimo rapporto della Bain&Company, infatti, è stato sottolineato che «nel settore dell'energia l'M&A rappresenterà sempre di più uno

---

cfr., anche AA.VV., *What Would Microsoft Do With TikTok?*, in «New York Times», del 3 agosto 2020 nel quale si anticipava che «Last week, a group of investors, including Sequoia Capital and General Atlantic, floated a $50 billion bid for TikTok, according to Reuters. Microsoft is interested only in TikTok's businesses in the U.S., Australia, Canada and New Zealand, and may invite other "American investors" to take minority stakes».

[9] M. Gay, *M&A in M&E: The Future Is 'Big Box' Media Companies*, in «AD Exchanger», del 4 giugno 2022.

[10] AA.VV., *M&A, cinque previsioni da tenere d'occhio nel 2022*, in «Deal Flower», del 24 gennaio 2022.

strumento multidimensionale per la realizzazione di concreti progressi sul fronte della sostenibilità, delle emissioni e della customer centricity. Sarà cruciale, per gli operatori, non solo la definizione di strategie e priorità, ma anche la capacità di mutuare le migliori pratiche dal mondo private equity»[11].

Di conseguenza, la creazione di nuove fusioni ed operatori su questo ambito di dimensioni e potenzialità più grandi dal punto di vista operativo ed energetico, potranno in maniera determinante contribuire a spostare gli asset di concorrenza anche geopolitica. In altre parole, come è stato recentemente riassunto, le M&A per come si stanno sempre più configurando potranno «rendere più green il business esistente, costruire hub di energia green, riposizionare i portafogli in direzione della transizione energetica, costruire una catena di valore integrata, sfruttare l'M&A per trasformare i modelli di business»[12].

---

[11] A. Baiocco, *Bain&Company: più M&A nel 2022 nel settore energetico*, in «Milano Finanza», del 15 febbraio 2022.

[12] AA.VV., *Bain: "Transizione energetica, le attività di M&A volano nel 2022"*, in «Repubblica», del 16 febbraio 2022.

Great Reset, censimento globale, pensiero unico: il Club di Budapest e le cento scimmie

Correva l'anno 1993 quando il filosofo dei sistemi, della teoria generale dell'evoluzione nonché pianista ungherese Ervin Laszlo fondò il Club di Budapest.

Sulle macerie del muro di Berlino e della rivoluzione rumena che portò all'esecuzione di Nicolae Ceaușescu, *de facto*, nasceva una delle prime organizzazioni internazionali volte a «sviluppare un nuovo modo di pensare» e «nuove etiche» per affrontare le sfide sociali, politiche, economiche ed ecologiche dell'imminente XXI secolo.

Nel sito "villaggioglobale.eu", infatti, il Club assumeva come obiettivo quello di diffondere una coscienza individuale «per prendere piena consapevolezza del proprio sé e della realtà in cui si vive [...], chiave di volta per la progressiva integrazione delle singole coscienze e l'aumento della consapevolezza globale: lo stabilirsi della Coscienza Planetaria»[1]. In altre parole, di un pensiero unico.

Un programma per l'epoca quanto meno avveniristico che, però, il trentennio della globalizzazione è riuscito a rendere non solo realistico, ma realizzabile prima e reale poi. Oggi si parla molto di *Great Reset*[2]: ebbene, l'idea sul quale la *mission* del gruppo faceva già leva in tempi non

---

[1] Cfr., l'home page del sito https://www.villaggioglobale.eu/clubdibudapest/index.html.

[2] C.M. Viganò, *Considerazioni sul Great Reset di Mons. Carlo Maria Viganò*, in «Corriere delle Regioni», del 18 maggio 2021.

sospetti – la visione del Club era stata infatti formalizzata il 26 ottobre 1996[3] – non era, poi, molto diversa: «il raggiungimento di una Coscienza Planetaria, indispensabile per compiere il Macroshift, cioè il Cambiamento Globale che porterà a realizzare un mondo sostenibile»[4].

Riuniti sotto il motto «You Can Change the World!», la lista dei membri onorari del Club era – ed è – di tutto rispetto: non solo musicisti, ma anche leader politici, religiosi, spirituali. Qualche nome tanto per renderci conto del livello: il XIV Dalai Lama Tenzin Gyatso, il leader New Age Deepak Chopra, l'ex leader sovietico Michail Sergeevič Gorbačëv, l'arcivescovo anglicano Desmond Mpilo Tutu, il Nobel Muhammad Yunus, il cantante ed ex leader dei Genesis Peter Gabriel, l'attrice Sharon Stone e molti altri[5].

Il 15 dicembre 2012 si è anche svolta a Bologna la "Giornata della Consapevolezza Globale" per «far nascere una NUOVA CONSAPEVOLEZZA GLOBALE, il seme di una Alleanza che riunisca questa favolosa moltitudine di persone sensibili, creative e responsabili. Unità nella diversità»[6].

Durante quell'evento, tra le altre cose, fu proiettato in anteprima mondiale il film-documentario "GLOBALSHIFT: una Nuova Coscienza per un Nuovo Pianeta": «un film di ampie visioni, – come riportava il comunicato stampa ufficiale dell'evento – che trasmette una nuova consapevolezza sul nostro ruolo nella storia e mostra il grande cambiamen-

---

[3] Ci si riferisce al *Manifesto della Coscienza Planetaria* firmato «all'Accademia delle Scienze di Budapest dal Dalai Lama e da artisti, scienziati e capi di Stato», cfr., https://www.villaggioglobale.eu/clubdibudapest/il-manifesto-della-coscienza-planetaria-1.html#.

[4] Cfr., l'home page del sito https://www.villaggioglobale.eu/clubdibudapest/index.html.

[5] La lista completa è consultabile online al link: https://www.clubofbudapest.com/.

[6] AA.VV., *Giornata della consapevolezza globale per celebrare la prima Massa Critica Consapevole in Italia*, in «Terra Nuova», ora in https://www.terranuova.it/Agenda/Incontri/Giornata-della-consapevolezza-globale.

to globale e le potenzialità della nostra consapevolezza per creare insieme un possibile futuro pacifico, umano e sostenibile. Nel film personalità internazionali, scienziati e leader spirituali tra cui: Deepak Chopra, Jane Goodall la studiosa degli scimpanzé, l'ecologista indiana Vandana Shiva, la Presidente del Costa Rica Laura Chinchilla, la scienziata Candace Pert, Tara Gandhi nipote del Mahatma, e molti altri parlano del salto di consapevolezza verso una società globale»[7]. Tra tutti, tenente a mente la figura di Goodall, studiosa evoluzionista, servirà tra qualche riga.

Un altro ambizioso progetto sul quale puntava il prestigioso team di ben otto premi Nobel (tutti per la Pace)[8] era la realizzazione di un censimento globale: fu lanciato dalla sede italiana – il "Villaggio Globale" di Bagni di Lucca – del Club di Budapest al fine di «creare le basi per una collaborazione attiva e creativa tra tutte le vaste forze internazionali che operano nell'ambito della nuova Cultura Planetaria emergente, in ogni campo del sapere e dell'esperienza umana»[9].

Si tratta, nell'insieme, di un programma e di una serie di iniziative che, non c'è dubbio, considerate oggi alla luce della situazione mondiale in cui proprio il "villaggio globale" preconizzato da Marshall McLuhan[10] si è venuto a

---

[7] Il comunicato stampa è disponibile in pdf al link: https://www.sicool.it/getdoc.php?num=75.

[8] La lista completa – Betty Williams (1976); Desmond Tutu (1984); Elie Wiesel (1986); Dalai Lama (1989); Michail Sergeevič Gorbačëv (1990); Nelson Mandela (1993); Joseph Rotblat (1995); Mohammed Yanus (2006) – è riportata al link: https://www.villaggioglobale.eu/clubdibudapest/premi-nobel.html.

[9] Club di Budapest, *Il Censimento Globale*, in https://www.villaggioglobale.eu/clubdibudapest/il-censimento-globale.html.

[10] M. McLuhan, *The Gutenberg Galaxy: The Making of Typographic Man*, cit. nel quale l'autore si soffermava sull'importanza dei mass media nella storia umana. Il termine "global village" compare per la prima volta a p. 31 dell'edizione originale.

trovare, paiono quantomeno *profetici*. Nel 2001, lo stesso Laszlo pubblicò un libro in cui parlava del "Macroshift" auspicando un cambiamento di prospettiva e di percezione, l'assunzione di «uno sguardo completamente nuovo»[11] proponendo il passaggio «dal *lógos* all'*holos*»[12].

Di fatto, in quelle pagine auspicava una sostituzione dell'impianto sul quale si basa(va), da sempre, la cultura occidentale ossia il *lógos*, la "parola". Ciò è vero, si badi bene, indipendentemente dal fatto che il termine sia inteso in senso filosofico – «Nessuna cosa avviene per caso ma tutto secondo *lógos* e necessità»[13] – o che lo sia in quello teologico «Nel principio era la Parola, la Parola era con Dio, e la Parola era Dio»[14].

Sostituire il *lógos* con l'*holos* significava, in altre parole, recidere le radici della traditio, termine che identifica da sempre, nella cultura greco-romana – e poi cristiana – la trasmissione, il passaggio del testimone da una generazione all'altra.

---

[11] P. Voigt, *Mehr Leidenschaft!*, in «Deutsche Bauzeitung», del 9 dicembre 2018.

[12] E. Laszlo, *Macroshift: Navigating the Transformation to a Sustainable World*, San Francisco, Berret-Koehler, 2001.

[13] La teoria del lógos come «legge universale» è attribuita a Eraclito sulla base del fr. 2 di Leucippo. Eraclito parla infatti all'inizio della sua opera di un lógos secondo il quale avvengono tutte le cose e del quale gli uomini restano inconsapevoli sia prima sia dopo averlo ascoltato (fr. 1). Sarà poi lo stoico Cleante che, commentando Eraclito, identificherà la legge divina comune a tutte le leggi umane con il *lógos spermatikós* della teoria stoica, ossia col *poioûn* del cosmo che fecondando la materia inerte e senza qualità la rende capace di generare.

[14] Il passo è in Giovanni 1:1, ma il concetto ritorna anche in altri versetti: «Era vestito di una veste tinta di sangue e il nome è la Parola di Dio», Apocalisse 11:13; «I cieli furono fatti dalla parola del Signore, e tutto il loro esercito dal soffio della sua bocca», Salmo 33:6; «Ora, o Padre, glorificami tu presso di te alla gloria che avevo presso di te prima che il mondo esistesse» Giovanni 17:5.

Non sorprende, quindi, che il manifesto olistico[15] del Club di Budapest sia stato redatto poco prima del trentennio nel quale la globalizzazione e il connesso neoliberismo abbiano liquidato l'intera cultura di tradizione umanistica. *De facto*, ne è stato la *preview*, il manifesto programmatico.

Dal crollo del muro di Berlino alla pandemia da Covid-19, infatti, Atene è stata sostituita da Francoforte[16] e «il deserto culturale, la socializzazione della cultura, sono funzionali alle necessità d'una tecnica economica distante ormai anni luce dai postulati classici dell'economia politica»[17].

L'evoluzionismo che rappresenta la base filosofico-scientifica dell'olismo ha fatto il resto: si tratta dell'applicazione della teoria (pseudoscientifica) della centesima scimmia. Fu elaborata nel 1979 sull'isola giapponese di Koshima da Lyall Watson[18] il quale sostenne che un nuovo comportamento – o una nuova idea – possa passare dall'anonimato alla popolarità dopo essere stata adottata da un certo numero di persone.

Secondo la relazione di Watson «gli scienziati osservarono che alcune scimmie avevano imparato a lavare le patate dolci. Il loro nuovo comportamento si era diffuso gradualmente al resto del gruppo mediante l'osservazione

---

[15] Il termine 'olismo' è stato coniato dal politico sudafricano Jan Smuts, convinto evoluzionista per sottolineare l'importanza di promuovere un'«evoluzione emergente» nella società occidentale, cfr. J. Smuts, *Holism and evolution*, Londra, The MacMillan, 1926.

[16] Ci si riferisce alla Scuola di Francoforte e alle ricerche promosse dal gruppo riunitosi intorno a Max Horkheimer, Theodor Wiesengrund Adorno e Herbert Marcuse. Per una sintetica – ma puntale – disamina della «cerchia ristretta di studiosi dell'Istituto per le ricerche sociali» si rimanda all'ottimo contributo di G. Calabrò, *La scuola di Francoforte*, in AA.VV., *La filosofia dal '45 ad oggi*, a cura di V. Verra, Roma, Eri - Edizioni Rai Radiotelevisione Italiana, 1977, pp. 82-93.

[17] P. Simoncelli, intervento al Convegno *Oltre Salerno. Benedetto Croce, Ignazio Silone e la loro attualità politica*, cit., p. 162.

[18] L. Watson, *Lifetide: a biology of the unconscious*, Londra, Hodder and Stoughton, 1979.

e la ripetizione. I ricercatori comunque, osservarono che una volta che un numero critico di scimmie aveva adottato l'abitudine, ad esempio dopo la centesima scimmia, questo comportamento acquisito si diffondeva immediatamente attraverso l'acqua alle scimmie delle isole vicine»[19].

L'assunto fatto proprio dal Club di Budapest, quindi, era quello di trasportare nel nascente villaggio globale la teoria della centesima scimmia, convinti del fatto che quando viene superato un certo numero critico di elementi che raggiungono una nuova consapevolezza, la medesima viene passata da una mente all'altra. Senza troppa fatica da parte di chi ha elaborato e diffuso *ah hoc* la teoria, l'idea, la visione.

Sebbene il numero critico possa variare, il Fenomeno delle "Cento Scimmie" indica che «quando vi sono poche persone che conoscono qualcosa di nuovo, questo nuovo concetto rimane di loro esclusiva proprietà e fatica molto ad estendersi. Ma se a loro si aggiunge anche una persona in più, e si raggiunge il numero critico, si crea una idea così potente da poter entrare nella consapevolezza di quasi tutti i membri di quel gruppo anche a distanza, una sorta di *macroshift* che causa un cambiamento improvviso e radicale»[20].

Questo l'*incipit*, tradotto in prosa dall'impetuoso sviluppo delle tecnologie dell'informazione e delle comunicazioni (ICT)[21] nel villaggio globale e del web: straordinari mezzi

---

[19] M. Laitman, *Il movimento che boicotta Israele e il "fenomeno della centesima scimmia"*, in «Huffington Post», del 17 giugno 2016.

[20] S. Angelisi, *Chi sono i Creativi Culturali e perché sono così importanti?*, in «Sociologicamente», del 10 dicembre 2020.

[21] Ci si riferisce all'insieme delle «Tecnologie riguardanti i sistemi integrati di telecomunicazione (linee di comunicazione cablate e senza fili), i computer, le tecnologie audio-video e relativi software, che permettono agli utenti di creare, immagazzinare e scambiare informazioni. Rilevanti incentivi economici favoriscono questo processo di integrazione, promuovendo la crescita delle imprese attive nel settore», cfr., AA.VV., *Dizionario di Economia e Finanza*, cit.

per comunicare, certo, ma anche per diffondere e imporre vulgate ufficiali, informazioni più vere o più buone delle altre, facilmente selezionabili grazie agli avanguardistici sistemi di Intelligenza Artificiale che ormai selezionano i contenuti sulla base del loro livello di ortodossia al pensiero unico piuttosto che alla qualità. Come avviene ormai dal 2017 a seguito della riforma del copyright[22] in tutti i social network, da quelli storici come YouTube e Twitter, a quelli più nuovi come Instagram o Telegram.

Che, di fatto, nel loro complesso hanno anche realizzato l'altro progetto del Club: quello del censimento globale, registrando gusti, pensieri e propensioni di tutti coloro che autodenunciandosi condividendo contenuti sulle varie app hanno contribuito a creare imponenti database usati, per adesso, per informazioni commerciali e di marketing.

Ma che ormai sono associabili anche a scansioni dei dati biometrici del viso come fanno già Facebook, Google e Microsoft Windows basandosi sul *machine learning* insegando «ai computer a riconoscere i volti mettendo loro a disposizione decine di migliaia di immagini differenti»[23]. E, adesso, anche della voce, nuovo dato prezioso da condividere e da tutelare su cui hanno puntato prima Clubhouse[24] – app creata da Paul Davison e Rohan Seth per Alpha Exploration – e Greenroom di Spotify[25].

Il tutto grazie a *device*, come gli ultimi dispositivi Apple, che consentiranno – tramite la nuova app Wallet su iOS 15

---

[22] Cfr., V. Falce, *La direttiva Ue sul copyright si ispira all'Italia*, in «IlSole-24Ore», del 18 dicembre 2017 e, soprattutto, K. Kupferschmid, *Copyright Law in 2017: A Look at What Happened in the News*, in «Velocity of Content», dell'11 gennaio 2018

[23] M. Martorana, *Riconoscimento facciale, è allarme privacy nel mondo: ecco i rischi e le misure a tutela*, in «Network Digital», del 5 giugno 2019.

[24] S. Greco, *Clubhouse: privacy a rischio*, in «Diritto Consenso», del 23 marzo 2021.

[25] AA.VV., *Spotify getta il guanto di sfida a Clubhouse con la nuova app Greenroom*, in «HD Blog», del 16 giugno 2021.

– di caricare la propria carta d'identità o la propria patente direttamente sul telefono, consentendo all'ignaro user di utilizzare lo smartphone o il tablet «come strumento di riconoscimento in aeroporto o nel momento in cui hai bisogno di un documento per la prenotazione di un viaggio o di una vacanza. Un tentativo di prendere le informazioni elettroniche dei tuoi documenti e di renderle disponibili sul tuo telefono. Vista l'importanza del servizio, sarà protetto dal Face ID e utilizzabile anche se sei a corto di batteria, per non rischiare di rimpiangere il tuo "vecchio" documento di carta. L'ennesima spallata al vecchio portafoglio, oramai diventato praticamente inutile»[26].

Il Club, a quanto pare, ha vinto. A noi rimane solo, per adesso, cercare di non essere la centesima scimmia.

---

[26] L. Plerattini, *Apple annuncia iOS 15 e il nuovo macOS Monterrey, ecco le 10 novità più clamorose*, in «GQ Italia», del 7 giugno 2021.

Il comunismo della sorveglianza e la fine della privacy

Come noto, il nostro cinema ha celebrato a modo suo – col vanziniano *Lockdown all'italiana* – uno dei periodi più difficili che la nostra storia (e non solo) ricordi. Lo ha fatto con una «commedia ripetitiva con troppi luoghi comuni»[1] e riducendo a «situazioni "pecorecce" di tradimenti e crisi coniugali»[2], un momento delicato e drammatico. Ma lasciamo stare e non inferiamo. Ci ha già pensato, Lisa Melidoni[3].

Piuttosto, pare il caso di sottolineare la differenza con la quale, invece, di lockdown si sia occupato un altro progetto, commissionato dal *Financial Times* e girato da James Graham. Si tratta del cortometraggio *People You May Know* incentrato – e seriamente – su un fatto al quale pare che tutti abbiano fatto il callo: la pandemia ha sconvolto a tal punto le nostre esistenze tanto che abbiamo «a malapena battuto le palpebre quando lo Stato ci ha detto quante persone possono partecipare a un matrimonio,

---

[1] P. Mereghetti, *«Lockdown all'italiana» di Vanzina: una commedia ripetitiva con troppi luoghi comuni*, in «Corriere della Sera», del 13 ottobre 2020.

[2] AA.VV., *Lockdown all'italiana: polemiche sul film e rabbia della vedova Vanzina*, in «Di Lei», del 23 settembre 2020.

[3] Si tratta della vedova di Carlo Vanzina che all'uscita del film ha attaccato «il cognato Enrico al grido di vergogna: "Questa è un'altra VERGOGNA di questo Paese che distribuisce uno schifo del genere"», cfr., F. Gallo, *Lockdown all'italiana, Vanzina divide*, agenzia ANSA del 19 settembre 2020.

dove possiamo viaggiare o anche se dovremmo abbracciarci»[4].

Questa "normalizzazione dell'anormale", durante il panico morale di un'emergenza sanitaria nazionale, è ormai data per scontata e sembra non fare più notizia. Un motivo in più, dunque, per occuparcene.

L'idea di fondo realizzata dalla fiction è semplice: per combattere la diffusione del Covid-19, tutti hanno rinunciato a parte della privacy creando le premesse per «il fragile rapporto tra il bisogno di tracciare gli spostamenti delle persone per contenere i contagi e la tutela della riservatezza dei dati personali. Un diritto che stiamo gradualmente perdendo con l'aumento del potere delle aziende tecnologiche private, che sempre più spesso collaborano con governi e istituzioni per controllare e studiare le dinamiche della società»[5].

Graham non è nuovo a questi temi: già nel 2014 con *Privacy* aveva portato in scena la moderna ossessione di molte persone per i social network. Una deriva narcisistica dell'Io della quale era – ed è – cartina di tornasole la minuziosa auto-cronaca della vita quotidiana che giunge fino al punto di fotografare il proprio cibo persino prima di mangiarlo – in un tripudio della forma sulla sostanza – al fine precipuo di condividerlo con i propri followers. Che a loro volta, nei maggiori dei casi, faranno altrettanto.

Peccato che gli ignari influencer in erba non pensino minimamente alle conseguenze di tutti i loro post: eppure Edward Snowden[6] ci ha insegnato che «i governi degli Stati Uniti e del Regno Unito ci spiano regolarmente, recuperano i nostri dati privati e li archiviano. Questa sorveglianza onnisciente cattura la maggior parte di ciò che facciamo onli-

---

[4] J. Thornhill, *James Graham on his FT film exposing the 'creeping data state'*, in «Financial Times», del 21 maggio 2021.

[5] AA.VV., *Sappiamo cosa hai fatto durante il lockdown*, in «Internazionale», del 7 luglio 2021.

[6] E.J. Snowden, *Permanent Record*, New York, Metropolitan, 2019.

ne: ricerche web, indirizzi e-mail, intestazioni. Le agenzie di intelligence possono fare cose incredibili. Possono geo-tracciare i nostri movimenti. Possono servirsi da soli dei nostri selfie. Da tutto questo puoi raccontare una ricca storia elettronica della vita di qualcuno: gioie, dolori, amori, segreti»[7].

I social network consentono di condividere tutto e, come noto, di farlo in *real time*, senza limiti e gratuitamente. Peccato che, *quando qualcosa è gratis, il prodotto sei tu*[8] e «le grandi imprese e le agenzie governative quando lo ritengono utile, non esitano a raccogliere informazioni sui singoli cittadini senza riguardo per la loro vita privata»[9].

È questo il punto di partenza dell'opera di Graham: ciò che lo incuriosisce particolarmente, nell'infanzia della nostra era algoritmica, è quanto del comportamento umano può essere previsto attraverso i dati e cosa rimane unico per l'individuo. Ad esempio, analizzando il modo in cui le persone interagiscono con i suoi servizi, Facebook – ma non solo – sa «quando un adolescente si sta radicalizzando politicamente, quando la relazione di una donna sposata si sta deteriorando, quando un uomo d'affari di mezza età inizia a soffrire di demenza ad esordio precoce»[10]. Non sorprende, quindi, che una volta Mark Zuckerberg si vantò del fatto che Facebook potrebbe conoscere «ogni libro letto, film visto e canzone ascoltata da una persona»[11].

---

[7] L. Harding, *Privacy puts Edward Snowden centre stage at the Donmar*, in «The Guardian», del 10 aprile 2014.

[8] F. Amato, *Se non lo paghi, il prodotto sei tu: ti sei mai chiesto perché Whatsapp sia gratis?*, in «Il Superuovo», del 27 dicembre 2018.

[9] Cfr., il video, a cura di A. Larsen, ◈ KACZYNSKI ⚡ SNOWDEN ◈, del 19 marzo 2020, min. 0:10, al link https://www.youtube.com/watch?v=JC-so68CwPl0. La frase è tratta da T.J. Kaczynski, *Manifesto di Unabomber. La società industriale ed il suo futuro*, a cura di A. Larsen, [s.l.], WarWave, 2021.

[10] J. Thornhill, *James Graham on his FT film exposing the 'creeping data state'*, cit.

[11] A. Vance, *Facebook. The Making of 1 billion Users*, in «Bloomberg», del 4 ottobre 2012.

In linea di massima, la *vulgata* che ci viene propinata è quella che alcuni dei nostri dati collettivi potrebbero essere utilizzati per il bene pubblico aiutando a combattere la pandemia o aiutando i gruppi emarginati ad affermare la propria identità. Ma è lecito chiedersi che mentre paia piuttosto improbabile che tali benefici si materializzino, sembra molto più concreto che i dati rimangano nel dominio commerciale e siano utilizzati principalmente per fare soldi[12] da parte dei soliti noti, ossia i FAANG[13]?

Graham nel corso di un'intervista ha raccontato che «ogni volta che (legalmente) lasciava la propria casa per fare jogging durante il blocco, si chiedeva se i suoi vicini potessero pensare che stesse uscendo troppo. Quella sensazione irritante di essere osservato e giudicato pubblicamente gli fece pensare che Londra stesse cominciando ad assomigliare alla Berlino Est dell'era comunista. "Anche se ora siamo chiusi nei nostri spazi privati, per molti versi ho iniziato a sentirmi più scrutato e sotto sorveglianza di quanto non mi fossi mai sentito prima"»[14].

Il collegamento con Berlino Est è azzeccato: se ormai nelle società occidentali pare avvenuto con successo l'incontro tra il grande fratello orwelliano e i *big data* nonché tra il capitalismo e la sorveglianza[15], non è da meno ciò che si sta realizzando – grazie all'intelligenza artificiale (IA)[16] – nel comunismo della sorveglianza. Una ricerca dell'Università di Oxford, infatti, ha evidenziato che nel 2017, in

---

[12] J. Lanier, *Dieci ragioni per cancellare subito i tuoi account social*, Milano, Il Saggiatore, 2018.

[13] R. Bonuglia, *Nel FAANG del Covid-19*, cit. e Id., *Chi ha guadagnato, alla fine, grazie al Covid-19?*, cit.

[14] J. Thornhill, *James Graham on his FT film exposing the 'creeping data state'*, cit.

[15] S. Zuboff, *The Age of Surveillance Capitalismo: The Fight for a Human Future at the New Frontier of Power*, Profile, Londra, 2019.

[16] R. Bonuglia, *Great Reset o nuovo Big Bang?*, in «Corriere delle Regioni», dell'8 luglio 2021.

Cina, siano stati investiti 200 miliardi di euro per la sicurezza nazionale utilizzandoli, per lo più, nell'istallazione di 400 milioni di telecamere a circuito chiuso[17]. Ma il problema non sono le telecamere, bensì l'obiettivo perseguito dal governo cinese.

La Cina, infatti, è il primo Paese ad aver realizzato un sistema pervasivo di sorveglianza algoritmica: sfruttando i progressi nell'IA nell'estrazione e archiviazione di dati per costruire profili dettagliati su tutti i cittadini, il partito-Stato comunista cinese sta sviluppando un "punteggio cittadino" per incentivare un comportamento "buono" dei propri sudditi.

Quindi, si parte da 300 punti e questo tesoretto ti segue ovunque tu vada: «un punteggio elevato ti consente di accedere a un servizio Internet più veloce o a un visto rapido per l'Europa. Se pubblichi post politici online senza permesso, o metti in dubbio o contraddici la narrativa ufficiale del governo sugli eventi attuali, tuttavia, il tuo punteggio diminuisce. Per calcolare il punteggio, le aziende private che lavorano con il tuo governo controllano costantemente grandi quantità di dati sui social media e sugli acquisti online»[18].

Si tratta di una violazione su larga scala della libertà degli esseri umani e di «un inquietante passo in avanti verso una perfetta (e potenzialmente globale) dittatura»[19]. Ci troviamo di fronte, quindi, alla preparazione di un mondo autoritario ideale, nel quale la deriva del controllo si sta diffondendo globalmente come un virus e la cui legittimità è assicurata «dall'apparato statale di sorveglianza più completo e potente in assoluto: il sistema cloud della polizia cinese è concepito per controllare sette categorie di persone,

---

[17] A. Mitchell e L. Diamond, *China's Surveillance State Should Scare Everyone*, in «The Atlantic», del 2 febbraio 2018.

[18] *Ibidem.*

[19] J.C. Lennox, *2084*, cit., pp. 81-82.

fra cui quelle che "minacciano la stabilità"»[20]. Inquietante, vero?

Lo è di più il fatto che quanto citato sia tratto da un articolo del 2017 e che, due anni dopo la sua pubblicazione, in un rapporto dell'*Human Rights Watch* si legga: «il governo cinese monitora ogni aspetto della vita della popolazioni dello Xinjiang, identificando chi non è ritenuto degno di fiducia e sottoponendolo a ulteriori e scrupolosi controlli»[21].

Sono anni che l'esperimento è in corso essendo gli uiguri – abitanti turcofoni della regione citata – stipati in vere e proprie "fortezze digitali", nelle quali la "cabina di regia" è, manco a dirlo, tutta cinese. Come la stessa gestione dei "centri di rieducazione"[22] dove vengono inviati, per trasformarli in fedeli cittadini, coloro i quali non mantengano un comportamento consono agli "standard" decisi dal governo.

Cosa aggiungere? Fino al lockdown mondiale della primavera 2020 quello che stava accadendo agli uiguri pareva deprecabile, ma lontano: "grazie" al Covid-19, invece, ora la Cina è vicina e pure il suo comunismo della sorveglianza. Sarebbe allora il caso di chiedersi, quando teniamo in mano un *device* o un monitor, se siamo noi a guardarli e usarli o se, magari, è il proprio il contrario.

---

[20] AA.VV., *China: Police Big Data Systems Violate privacy, Target dissent*, in «Hrw», del 19 novembre 2017.

[21] AA.VV., *China: How Mass Surveillance Works in Xinjiang*, in «Hrw», del 1° maggio 2019.

[22] C. Buckley, S.L. Myers, *China builds more secret 're-education camps' to detain Uighur Muslims despite global outcry over human suffering*, in «Independent», del 10 agosto 2019.

L'Iran e le "avanguardistiche" prove di censura del web

Che l'Iran sia una nazione dalla quale solitamente non vengano buone notizie, purtroppo, è cosa nota. Da quando, nel 1979, l'ayatollah Ruhollah Khumaini (più noto come Khomeini) tornò dall'esilio parigino scalzando Mohammad Reza Pahlavi e costringendolo alla fuga, infatti, nel Paese mirabilmente raccontato dai film e dalle fotografie di Abbas Kiarostami c'è stato ben poco da ridere.

Giova infatti ricordare che, con la proclamazione della Repubblica dell'Iran, tutti quelli che erano stati i progressi ottenuti durante la dinastia Pahlévi – la creazione di scuole pubbliche per donne (1918), l'accesso all'Università e il diritto di voto (1963), il limite dell'età minima (18 anni) per contrarre matrimonio da parte delle donne (1967), la legalizzazione dell'aborto (1977) – sono stati spazzati via.

D'altra parte, questa era la risultante del convincimento di Khomeini, profondo sostenitore di una teocrazia guidata da Dio, fondata sul Corano e svincolata da ogni influenza di tipo occidentale. Convinzioni che trovarono sistematizzazione nel volume *Il governo islamico*[1], opera nella quale trovava esplicazione la *velāyat-e faqih* elaborata dall'ayatollah già nei primi anni Quaranta del Secolo Breve: «Il legislatore deve essere completamente immune da ogni vizio e tendenza d'iniquità, e nessuno, tranne Dio, può godere di

---

[1] R.M. Khomeini, *Hokumat-e Eslāmi* (Il Governo islamico), Roma, Centro Islamico Europeo, 1983.

tali caratteristiche; quindi, nessuno, oltre a Dio, ha il diritto di legiferare»[2].

Tradotto in termini politici, nessuna azione individuale o collettiva avrebbe potuto essere realizzata al di fuori dei comandamenti islamici: ogni società secolarizzata andava considerata antisciaraitica»[3] e, di conseguenza, "ingiusta" agli occhi di Dio. Era, *de facto*, un programma di lotta: «i governi ingiusti, vale a dire quelli non islamici, devono essere contrastati e non bisogna collaborare con essi»[4].

Le tesi di Khomeini furono un ritorno al pieno integralismo islamico in una prospettiva universalistica poiché rivolte non solo all'Iran – divenuto una "mullahcrazia", come scrisse nel 1986 una giornalista iraniana esule[5] – bensì all'intera *umma*, cioè la comunità islamica mondiale.

Rispetto al 1979, anche grazie alle pur controverse parentesi rappresentate dalle Presidenze Rafsanjani – che cercò di far uscire il Paese dall'isolamento aprendo alle prime relazioni con l'Europa, la Russia e l'Asia centrale post-sovietica – e Khatami – impegnatosi a trovare un equilibrio tra la *sharī'a* (cioè la legge coranica) e la libertà individuale – la società iraniana ha sviluppato «un disincanto graduale ma progressivo, nei confronti dell'utopia della rivoluzione islamica promessa dall'allora Guida suprema»[6].

Ciò non impedì, giova ricordarlo, nel 2005, al sindaco ultraconservatore di Teheran – dove si era distinto per la chiusura dei centri culturali aperti dai suoi predecessori – Maḥmūd Aḥmadinežād, con la sua retorica antisistema,

---

[2] R.M. Khomeini, *Kašf-e asarār* (Il disvelamento dei segreti), Qom, 1944, p. 289.

[3] P. Abdolmohammadi, *Il repubblicanesimo islamico dell'ayatollah Khomeini*, in «Oriente Moderno», vol. 89, n. 1, del 2009, p. 88.

[4] V. Cirillo, *Il Medio Oriente*, Roma, Ardesia, 2006, p. 92.

[5] H. Kafi, *Au Pays du grand mensonge*, in «L'Express International», n. 1827, del 16 luglio 1986.

[6] P. Abdolmohammadi, *Lo Stato islamico perfetto anatomia degli Ayatollah*, in «Limes», n. 8, del 2013, p. 131.

di vincere il ballottaggio con Rafsanjani facendo leva sulla necessità di cancellare il processo di deviazione dai principi del khomeinismo in atto da una quindicina di anni.

I risultati di quella svolta – appoggiata dai *pāsdārān* (i Guardiani della rivoluzione), e dai *basīğ*, un corpo paramilitare di volontari nato all'inizio degli anni Ottanta del Novecento che contava su più di un milione di affiliati – non si fecero attendere: al di là del vespaio di polemiche provocato dall'affermazione tristemente nota pronunciata il 26 ottobre 2005 nell'ambito del convegno "Un mondo senza sionismo"[7], gli anni della presidenza Ahmadinejad furono quelli del caso Sakineh[8], del progetto di dismissione dei villaggi rurali, del rilancio del programma nucleare, delle esecuzioni pubbliche. Che, vale la pena ricordare, non risparmiano nemmeno i minorenni visto che tutti i cittadini «sono punibili con la massima pena dopo il raggiungimento dell'età legale, pari a 15 anni per i maschi e a solo 9 (o in taluni casi 11) anni per le ragazze. Nessuno sconto viene fatto nemmeno a chi è colpito da handicap mentali, come testimonia la vicenda di Atefeh Rajabi, sedicenne iraniana condannata per prostituzione e impiccata il 15 agosto 2004 a Neka, nel Nord del Paese»[9].

Il risultato di tutto ciò è stato, all'uscita di scena di Ahmadinejad nel 2013, l'originarsi di una «tra le più significative crisi economiche (ma soprattutto politiche) dell'Iran post-rivoluzionario»[10]. I postumi di tutto ciò sono diventati i gravosi problemi che affliggono gli abitanti del Paese nella realtà fattuale e quotidiana: alle congenite mancanze di

---

[7] E. MacAskill, C. McGreal, *Israel should be wiped off map, says Iran's president*, in «The Guardian», del 27 ottobre 2005.

[8] R. Bonuglia, *Iran, stato barbaro. Non solo Sakineh*, in «The Week», del 26 novembre 2010, pp. 34-39.

[9] *Ivi*, p. 37.

[10] G. Perletta, *Iran, la parabola politica di un ex presidente: il ritorno di Ahmadinejad*, in «ISPI», del 7 settembre 2018.

democrazia e libertà, si sono aggiunte quelle dei vaccini e dell'acqua.

Da quando è scoppiata la pandemia, infatti, in Iran meno del 2% della popolazione è immunizzata, i contagi hanno superato i tre milioni e sono 86.000 i morti. Le autorità sostengono di aver somministrato sei milioni di dosi, ma più di qualcosa non torna e le contraddizioni, in questo senso, sono molte e preoccupanti: «esortando a diffidare dei vaccini che arrivano dal "Satana" (come si diceva un tempo degli Usa) occidentale, la Guida suprema Ali Khamenei ha ricevuto – sotto i riflettori della TV di Stato – il vaccino CovIran Barekat, made in Iran»[11]. E così, chi può permettersi economicamente di farlo, si reca in Armenia affrontando file che durano anche giorni, per scegliere tra «il russo Sputnik V, il cinese CoronaVac e AstraZeneca»[12].

Non va meglio per quanto concerne la situazione idrica: le cosiddette "proteste degli assetati" sono ormai arrivate alla Capitale. Il governo attribuisce responsabilità dei disagi alla crisi delle precipitazioni ma, come spesso accade, il problema non è il cambiamento climatico, bensì il dissesto idrogeologico[13]: in questo caso, poi, «prominent lawyers have said that Khuzestan's problem stems from the illegal theft of water from river forks in the region»[14].

La Guida suprema Ali Khamenei e il presidente Hassan Rohani hanno sostenuto pubblicamente i manifestanti: «ma è solo propaganda per chi abita lontano dalla provincia del Khuzestan, dove tutto è cominciato»[15]. La verità,

---

[11] F. Zoja, *Khamanei diffida dei «vaccini Satana». E si fa iniettare l'autarchico CovIran*, in «Avvenire», del 17 luglio 2021.

[12] F. Sabahi, *Iran senza vaccini: in migliaia fuggono in Armenia per una dose*, in «Il Manifesto», del 27 luglio 2021.

[13] A.C.F. Alka, *Climate change? Chiamatelo col suo nome: dissesto idrogeologico! Ecco il territorio tedesco*, in «Ora Zero», del 17 luglio 2021.

[14] AA.VV., *Iran water crisis: Internet shutdowns observed amid protests in Khuzestan*, in «Euronews», del 22 luglio 2021.

[15] AA.VV., *Gli iraniani hanno sete*, in «Il Foglio», del 29 luglio 2021.

invece, è quella di una repressione efferata e brutale con le forze di sicurezza che, oltre all'uso di manganelli e lacrimogeni, «hanno aperto più volte il fuoco con proiettili veri ad altezza d'uomo sui manifestanti provocando un bilancio di vittime stimato, per ora, tra le 8 e le 10 vittime»[16]. La versione dei media statali iraniani, invece, è stata quella che le vittime siano state il risultato di «proiettili sospetti sparati da alcune persone sconosciute che sono penetrate tra i manifestanti pacifici»[17].

Alcuni hanno anche messo in guardia sul fatto che la situazione potrebbe declinarsi in una guerra sull'acqua ben più vasta o essere la risultante di interessi a trasformare, quello idrico, nel prossimo problema del "villaggio globale"[18].

Al di là delle fosche previsioni e delle speculazioni più o meno complottistiche o distopiche, la realtà è che la carenza idrica abbia già da settimane comportato molte interruzioni nella fornitura di energia elettrica. Il che, in un Paese come l'Iran, è immediatamente diventato un pretesto per interrompere i servizi di comunicazione online nella regione del Khuzestan dove le proteste si sono originate. Lo denunciava, già nel novembre 2019[19], l'osservatorio NetBlocks quando, allora, i manifestanti erano in piazza contro l'aumento dei prezzi del carburante.

Quindi, applicando il *novacula Occami*[20], lo schema è molto semplice: provocare una crisi idrica incolpando il cambiamento climatico per aumentare il livello di sopportazione degli abitanti e, quando ciò non riesce più, avere una

---

[16] M. Gebeily, *As Iran faces 'water bankruptcy', drought exposes past problems and future threats*, in «The Japan Times», del 29 luglio 2021.

[17] C. Castronovo, *State Department monitoring internet outages in Iran amid protests*, in «The Hill», del 28 luglio 2021.

[18] AA.VV., *Is Iran on the verge of sparking a water war?*, in «The Week», del 29 luglio 2021.

[19] NetBlocks, *Internet disrupted in Iran amid fuel protests in multiple cities*, del 15 novembre 2019.

[20] L. Froidmont, *Philosophia Christiana de Anima*, Lovanio, 1649, p. 110.

buona scusa per interrompere i servizi elettrici in modo da togliere – privandoli del web – ai manifestanti la possibilità di organizzarsi e diventare pericolosi o, ancor peggio, una minaccia per l'instabilità politica in un momento delicatissimo: la Repubblica islamica, infatti, ha da poco incoronato un nuovo tradizionalista, il giurista religioso Ebrahim Raisi – sotto sanzioni Usa e condannato da Amnesty International per le «esecuzioni di massa mentre era a capo della magistratura iraniana negli anni '80»[21] – che ha vinto le ultime elezioni (anche e soprattutto) grazie all'alto tasso di astensionismo. E che ha interessato, oltre che una grande fetta di giovani, una società rassegnata e disincantata che «non crede più che il proprio voto possa fare la differenza»[22].

Ma non è tutto, purtroppo. In vista dell'insediamento ufficiale di Raisi, la partita della censura del web ha assunto subito una nuova valenza, quella di rappresentare un'opportunità per evitare eventuali manifestazioni contro l'ennesima virata integralista del governo. Che, dall'islamizzazione dei social – celebre il caso di *Hamdam*, app di incontri rilasciata «per promuovere matrimoni "duraturi e consapevoli" tra i giovani e aumentare la natalità»[23] e contrastare l'occidentale *Tinder* – è passato all'approvazione (ovviamente in una sessione chiusa, senza passare per la discussione in aula) di una proposta di legge che limita, per tutti, l'accesso a internet[24].

Sono stati 121 i parlamentari che hanno approvato la mozione motivata – come fatto paradossalmente su Twitter da

---

[21] AA.VV., *Iran: la rivolta degli assetati*, in «ISPI», del 27 luglio 2021.

[22] G. Bernacchi, *Nell'Iran di Raisi i giovani sono più esclusi che mai*, in «Lifegate», del 15 luglio 2021.

[23] F. Correira, *Iran launches Hamdan: the Islamic 'Tinder'*, in «Olhar Digital», del 16 luglio 2021.

[24] M. Sinaiee, *Iran's Parliament Moves Ahead With Internet-Censorship Bill*, in «Iran International», del 28 luglio 2019.

Mohsen Rezaei – proprio a causa delle molteplici sfide alle quali, in questo periodo l'Iran è impegnato.

La portata dell'Internet Censorship Bill – sul quale l'Iran stava lavorando da tempo essendo stata proposta già tre anni fa – è particolarmente negativa per la popolazione: secondo quanto prevede il testo di legge – che, in quanto tale, dovrebbe essere reso pubblico integralmente, ma sorprendentemente, «parti di questo documento sono state censurate e tenute fuori dalla portata degli esperti e del pubblico come "non pubblicabili"»[25] – tutte le società di social networking e di messaggistica dovrebbero nominare un rappresentante iraniano accettando le regole sul controllo da questi decise. In caso contrario, entro quattro mesi dall'entrata in vigore della normativa, le app potrebbero essere bloccate.

Nel mirino c'è soprattutto Instagram, utilizzata dal 53% della popolazione, al momento l'unica app che non richieda, entro i confini del Paese, l'accesso tramite VPN e, perciò, la più diffusa poiché, *de facto*, gratuita. E che, di conseguenza, è divenuta uno strumento di marketing per molti iraniani le cui attività sono state duramente colpite dai vari lockdown.

Ma ciò pare non contare: secondo il Governo il contenuto dell'app è pericoloso e offensivo rispetto alle credenze religiosi e culturali. Insomma, lo stesso *leit motiv* che ha giustificato le già attuate limitazioni alla velocità della banda larga, la creazione di una lista nera di Url indesiderati e il filtraggio basato su keywords[26]. Un climax, insomma, tutt'altro che rassicurante.

La verità è che il web è stato, per anni, «una spina nel fianco dell'establishment islamico perché ha completa-

---

[25] P. Stone, *Iran Regime's Solution To Prevent the Expansion of Protests: National Internet*, in «Iran Focus», del 29 luglio 2021.

[26] AA.VV., *Iran Continues To Tighten Control Over Citizens' Online Activities*, in «Iran International», del 18 gennaio 2021.

mente minato i media controllati dallo Stato. [...] Le segnalazioni di disordini o proteste pubbliche potrebbero ancora essere censurate, ma questo non è più possibile sui social. I giovani, in particolare, seguono gli sviluppi politici solo su Internet, in particolare su Twitter, e ignorano i media controllati dallo Stato»[27].

L'obiettivo è, quindi, quello di mettere al riparo l'entrata sulla scena politica di Raisi limitando «la capacità del pubblico di esprimere malcontento politico o comunicare tra loro e con il mondo esterno»[28] e, probabilmente, di creare le premesse per una successiva e progressiva normalizzazione che la nuova Presidenza potrebbe usare per accreditarsi nell'opinione pubblica iraniana e, forse, non solo.

Almeno, questo sarebbe il male minore. Ad ogni modo, quella iraniana, rimane una situazione da tenere d'occhio se non altro per denunciare quanto sta accadendo in un Paese che, immerso in mille difficoltà, «risulta al contempo diverso e vicino al nostro mondo e che, anche per questo, piace e si fa amare»[29].

---

[27] AA.VV., *Iran verschärft Internetzensur*, in «Spiegel», del 28 luglio 2021.

[28] AA.VV., *Iran Internet Services Disrupted Amid Weeklong Water-Shortage Protests*, in «RFERL», del 22 luglio 2021.

[29] R. Zipoli, *Iran, un paese fratello*, in AA.VV., *Iran. Gente, Strade, Paesaggi*, Venezia, Marsilio, 2007, p. 15.

L'accesso "condizionato" alle informazioni: il caso di Cuba

Alla fine, pur se in ritardo, anche i media italiani hanno dovuto misurarsi – poco e male – con la crisi cubana. Le proteste della popolazione contro il governo comunista erano iniziate l'11 luglio 2021 nella provincia di Artemisia e nella città di San Antonio de los Baños – per poi coinvolgere anche Havana e Santiago de Cuba – e sono state, questa la vera novità, le più imponenti da quelle del 1959.

Ci si riferisce, si badi bene, non tanto a quelle mitologicamente riferite dalla *vulgata* ufficiale castrista, quanto a quelle che si registrarono quando l'ideatore del fallito assalto alla Caserma di Moncada, decise di nazionalizzare alcune imprese americane evidenziando «il dissenso di coloro che erano stati fortemente colpiti dalle riforme, i quali preferirono abbandonare l'isola per rifugiarsi in Florida»[1].

D'altra parte, il vero motivo per il quale Batista lasciò l'isola – e, *de facto*, il campo libero ai castristi – fu la «decisione di Eisenhower di sospendergli gli aiuti militari giudicando la soluzione di Fidel [...] una possibile soluzione di tipo democratico-borghese»[2]. Il resto della storia è nota ai più e ci porterebbe fuori strada. Quindi, preferiamo ri-

---

[1] G. Aliberti, F. Malgeri, *Due Secoli al Duemila. Transizione, mutamento, sviluppo, nell'Europa contemporanea (1815-1998)*, Milano, LED, 1999, p. 658.

[2] *Ibidem.*

manere all'attualità, non meno complessa della Presidenza Urrutia di quegli anni[3].

La situazione critica dal punto di vista economico – «carenza di cibo e medicinali, impennata dei prezzi a causa dell'inflazione»[4] – non è certo una novità nell'isola – basti ricordare la rivolta anti-castrista *Maleconazo* del 1994[5] –, ma i mesi di pandemia e la dimensione endemica che questa ha assunto, hanno fatto da volano all'insofferenza, già latente, nei confronti del Governo comunista di Miguel Dìaz-Canel.

Il quale ha risposto di tutto punto ai cortei spontanei ricorrendo – come non si vedeva da anni – all'invio della polizia in tenuta anti-sommossa affiancata da agenti in borghese[6], arrestando più di 80 manifestanti solo nella giornata dell'11 luglio[7], cogliendo l'occasione per arrestare gli oppositori più noti e, come pare ormai di moda in questi casi[8], limitando arbitrariamente l'accesso al web.

---

[3] Ci si riferisce a Manuel Urrutia Lleo, magistrato cubano che, prima, fu tra gli oppositori di Batista e, poi, tornato a Cuba come Presidente provvisorio della Repubblica, il 2 gennaio 1959, dopo aver nominato Castro comandante in capo dell'esercito, fu dallo stesso accusato di sabotaggio al "riformismo" del governo rivoluzionario nonché costretto a dimettersi il seguente 17 luglio, cfr., W. Saxon, *Manuel Urrutia; was foe of Castro*, in «The New York Times», del 6 luglio 1981.

[4] L. Mastrodonato, *Cuba, migliaia di persone stanno protestando contro il governo*, in «Lifegate», del 14 luglio 2021.

[5] Conosciuta anche come "la crisis de los balseros", all'epoca lo stesso Castro dovette recarsi di persona per sedare la rivolta esortando il popolo a sollevarsi contro gli "apolidi" che protestavano, invece, stremati dalla carenza di cibo e medicine, cfr., J.C. Cueto, *Protestas en Cuba: qué fue el histórico "Maleconazo" de 1994 y cómo se compara con las masivas movilizaciones de este domingo*, in «BBC News», del 12 luglio 2021.

[6] R. Miranda, *Proteste a Cuba, senza i Castro traballa il regime castrista?*, in «Formiche», del 13 luglio 2021.

[7] G. Pioli, *La 'bomba' Cuba è un boomerang per Biden*, in «Quotidiano Nazionale», del 14 luglio 2021.

[8] R. Bonuglia, *Ancora brutte notizie dall'Iran: verso la censura del web*, in «Ora Zero», del 30 luglio 2021.

L'obiettivo, in questo caso, era quello di rendere più difficile la condivisione dei video degli abusi subiti dai cittadini
privandoli della possibilità di organizzarsi *online* per continuare ad esprimere il dissenso in modo ancora più plateale
pur se pacifico.

La situazione è precipitata quando Dìaz-Canel – appro-
fittando dell'immobilismo di Biden – «ha accusato i cuba-
no-americani di usare i social media per stimolare una rara
ondata di proteste»[9], convinto del fatto che le persone in
piazza fossero tutti sul libro paga statunitense.

Peccato, invece, che le proteste siano la risultante della
cattiva gestione da parte del Governo comunista della pandemia e che abbiano, dunque, la stessa genìa di quelle che
hanno vissuto, tra gli altri, la Colombia e il Brasile: Paesi,
cioè, che non stanno in rapporti burrascosi con Washington. Anche gli osservatori più ideologizzati, d'altra parte,
hanno dovuto ricordare che «la Colombia è stata per decenni un alleato chiave degli Stati Uniti, guadagnandosi
persino il soprannome di "Israele dell'America Latina". Il
Brasile, nel frattempo, è diventato particolarmente vicino
agli Stati Uniti durante l'amministrazione Trump, in gran
parte a causa dell'affinità ideologica tra i rispettivi presidenti [...] dei due Paesi»[10].

La storiella dei manifestanti come «abietti delinquenti»[11]
fomentati dagli Usa, quindi, non regge proprio e chi la so-
stiene, "mente sapendo di mentire": anche perché, lo stesso leader cubano ha dovuto ammettere che la base dello

---

[9] A. Madhani, M. Lee, *Cuba, Haiti stir fresh political pressures for US
president*, in «News4JAX», del 14 luglio 2021.

[10] Cfr., la febbricitante e anacronistica chiave di lettura fornita in P.
Bolton, *Washington's Weaponization of Protests in Cuba Takes Its Regime
Change Efforts to New Heights of Hypocrisy*, in «Counter Punch», del 14
luglio 2021.

[11] R. Miranda, *Proteste a Cuba, senza i Castro traballa il regime castrista?*,
cit.

scontento per la mancanza di cibo e per i sempre più frequenti blackout energetici, sia più che legittima.

Piuttosto, andrebbe ricordato quanto Cuba abbia sofferto gli effetti della pandemia nella propria economia, basata sul turismo: «il PIL nel 2020 si è contratto dell'11%; la peggior recessione negli ultimi 30 anni. Un terzo delle importazioni sono crollate, "lasciando i creditori a mani vuote e i cubani in coda per ore per acquistare beni di uso quotidiano"»[12]. Il che aveva portato, già nel febbraio 2021, lo stesso Dìaz-Canel ad auspicare l'apertura dell'economia del Paese alle imprese – e quindi agli investimenti – degli stakeholder privati.

La reazione del governo comunista alle manifestazioni, invece, è un brutto passo indietro: aver ceduto alle spinte demistificatrici delle proteste nel tentativo di strumentalizzarle è quanto di peggio si potesse fare.

E poi, la decisione di imporre i blocchi alle connessioni web allinea il Paese a quanto sta accadendo in India e Iran. Nella prima, infatti, molti utenti sono stati denunciati poiché "rei" di aver chiesto aiuto e bombole di ossigeno tramite Twitter, Whatsapp e Telegram[13]: il che ha spinto il governo di Delhi a introdurre una serie di limitazioni all'uso del web per contrastare (anche e soprattutto) le proteste degli agricoltori[14]. In Iran, proprio in questi giorni, è stato adottato un vero e proprio *Internet Censorship Bill* obbligando «tutte le società di social networking e di messaggistica a nominare un rappresentante iraniano accettando le regole sul controllo decise da quest'ultimo»[15].

---

[12] M. Frank, *Cuba lifts ban on most private business*, in «Financial Times», del 7 febbraio 2021.

[13] G. Porro, *L'India ha iniziato a censurare i post che criticano la sua gestione della pandemia*, in «Wired», del 30 aprile 2021.

[14] B. Perrigo, *India's New Internet Rules Are a Step Toward 'Digital Authoritarianism', Activists Say. Here's What They Will Mean*, in «Time», del 12 marzo 2021.

[15] R. Bonuglia, *Ancora brutte notizie dall'Iran: verso la censura del web*, cit.

A Cuba, la stretta sul web parte da lontano: i primi hot-spot pubblici sono comparsi solo nel 2015 e, alla fine del 2018, la società pubblica di telecomunicazioni ETECSA ha introdotto le prime connessioni 3G. Fino ad allora, molti cubani si accontentavano di *The Weekly Package*, «a hard drive updated weekly and filled with contraband movies and series, music, news and advertisements that acted as a kind of snapshot of the global web»[16].

Nel 2017, poi, fece scalpore la vicenda di una vicepreside di una scuola elementare statale cacciata – oltre che per essere sposata con un dissidente anticomunista – per aver chiesto ai suoi alunni di cercare informazioni su wikipedia durante una lezione di storia[17]. Nell'isola, inoltre, già all'epoca un'indagine dell'Open Observatory of Network Interference (ONI) aveva testato «1.458 siti Web da otto località dell'Avana, Santa Clara e Santiago de Cuba. L'elenco includeva siti Web in 30 grandi categorie. [...] del numero totale di siti testati, OONI ha trovato 41 siti bloccati. [...] Tutti i siti bloccati avevano una cosa in comune. Hanno espresso critiche al governo cubano, hanno trattato questioni relative ai diritti umani o hanno avuto a che fare con strumenti di elusione (tecniche per aggirare la censura)»[18].

Bloccare i siti Internet esclusivamente per limitare le critiche politiche al fine di contrastare l'accesso alle informazioni è – giova ricordarlo sempre - contrario al diritto internazionale dei diritti umani nonché rappresenta una violazione del diritto alla libertà di espressione.

Il che ha reso necessario, per quasi un milione e mezzo di

---

[16] M. Benson, *Search for shortcuts through Cuban internet censorship*, in «DodoFinance», del 30 luglio 2021.

[17] A. Filastó, *Cuba's Internet paradox: How controlled and censored Internet risks Cuba's achievements in education*, in «Amnesty International», del 29 agosto 2017.

[18] OONI, *Measuring Internet Censorship in Cuba's ParkNets*, del 28 agosto 2017.

cubani, il ricorso alla rete gratuita di elusione dei blocchi *Psiphon*, seguendo l'esempio di quanto fatto anche da alcuni oppositori degli altri regimi non democratici e anticristiani dell'Iran e della Cina[19].

Mentre le strade di Cuba si riempivano di canti «di "libertad", Internet si è improvvisamente oscurato. Quando è tornato, il governo cubano era in modalità di censura totale, [...] manteneva completamente disattivato l'accesso al Web in alcune aree e limitava la velocità dei dati in altre. Yunior Garcia, un podcaster, ha detto a NPR che la mossa del governo "ci tiene disconnessi, disinformati e incapaci di partecipare alla risoluzione pacifica dei problemi di Cuba"»[20].

Che il comunismo non faccia rima con libertà è cosa tristemente nota[21]. La novità preoccupante, invece, è che quest'aria di censura stia avvolgendo una lista di Paesi tra loro diversissimi, ma con alcuni punti in comune: proteste popolari post-ideologiche motivate dallo scontento per le ingiustizie che permeano la realtà fattuale di tutti i giorni. Che da sempre i regimi comunisti non hanno mai tollerato. E che siamo, almeno nel nostro piccolo, in dovere di seguire e denunciare come abbiamo sempre fatto e continueremo a fare.

---

[19] D. Shepardson, *Censorship circumvention tool helps 1.4 million Cubans get internet access*, in «Reuters», del 16 luglio 2021.

[20] R. Fontaine, *Cuba Needs a Free Internet*, in «Foreign Policy», del 29 luglio 2021.

[21] R. Bonuglia, *Il Lockdown tra fine della privacy e comunismo della sorveglianza*, in «Corriere delle Regioni», del 17 luglio 2021.

Tracciamento e controllo sociale di massa in India

Come noto, in India il Ferragosto è una giornata particolare: il 15 agosto 1947, infatti, allo scoccare della mezzanotte, il Paese divenne indipendente – insieme al Pakistan – dopo tre secoli di dominio britannico. Il passaggio storico fu segnato dal discorso letto all'epoca dal Primo Ministro indiano Jawaharlal Nehru: «Molti anni fa fissammo un appuntamento col destino e ora giunge il momento di tenere l'impegno. Allo scoccare della mezzanotte, mentre il mondo dorme l'India si sveglierà alla vita e alla libertà. è uno di quei momenti che accadono raramente nella storia, quando usciamo dal vecchio ed entriamo nel nuovo, quando finisce un'epoca, quando l'anima di una nazione a lungo oppressa trova la voce»[1].

Il discorso fu pronunciato sotto la grande cupola del *Legislative Council*, il palazzo che, fino a quell'istante, era la sede del potere imperiale inglese. Nehru aveva davanti Lord Mountbatten, il bisnipote della regina Vittoria nonché ultimo viceré dell'India: «mentre la bandiera dell'*Union Jack* veniva ammainata, un quinto della popolazione del pianeta cessava di essere colonia»[2].

---

[1] Cit. nel catalogo della mostra *Freedom and fragmentation* allestita a Cambridge in occasione del 70esimo anniversario dell'indipendenza indiana dal Centre of South Asian Studies, S. Roberts, *A tryst with destiny. Images of Independence, Decolonisation and Partition at Cambridge University*, in «University of Cambridge», del 1° agosto 2017, ora visitabile online al link: https://www.cam.ac.uk/shorthand/a-tryst-with-destiny.

[2] F. Rampini, *La mezzanotte della libertà che cancellò l'era coloniale*, in

Nel 2021, la ricorrenza si è avvalsa anche di una novità di non poco conto: il governo di New Delhi, infatti, ha modificato l'*Indian Flag Code* per consentire ai cittadini di poter issare il tricolore sulle case, sugli uffici e sulle fabbriche consentendo di farlo non solo durante i giorni festivi, ma anche in quelli feriali. Una novità assoluta in un Paese dove il "tricolore" non è solo una bandiera e il suo uso è sottoposto a una serie di regole piuttosto ferree: il 26 gennaio 2002 erano stati riuniti in un unico testo le precedenti norme legislative *Emblems and Names* (*Prevention of Improper Use*) *Act*, 1950 (No. 12 of 1950) e il *Prevention of Insults to National Honour Act*, 1971 (No. 69 of 1971). A parte la concessione decisa in questi giorni, rimane vietato, in India, usare il tricolore come vestito o tendaggio; sventolarlo durante la notte; farlo intenzionalmente toccare il suolo o scivolare nell'acqua e, infine, «cannot be placed below any other flag. No object, even flowers or emblems, can tower above the Tricolour. [...] also cannot be used as a rosette, festoon or even bunting»[3].

Ma c'è anche un'altra importante vicenda che ha reso il Ferragosto 2021 particolarmente insolito in India: è la protesta più lunga che New Delhi ricordi dalla sua indipendenza, quella degli agricoltori. L'oggetto del contendere sono tre leggi che hanno, *de facto*, aperto il settore agricolo alle grandi multinazionali e imprese del settore.

Nel settembre 2020, infatti, il Parlamento indiano ha unilateralmente approvato una riforma agricola fortemente voluta dal governo guidato dai nazionalisti hindu del *Bharatiya Janata Party* che, attraverso tre leggi, ha ampliato «la commercializzazione dei prodotti, finora circoscritta ai *mandi* (i mercati statali), che permetterebbe agli agricolto-

---

«Repubblica», del 5 agosto 2007.

[3] AA.VV., *Independence Day: Planning to hoist a Tricolour? Here's the Indian Flag Code guideline that you must follow*, in «Financial Express», del 13 agosto 2021.

ri di trattare i prezzi direttamente con le grandi aziende, oltre alle liberalizzazioni sui prezzi dei prodotti agricoli e dei relativi servizi, anche sulle materie prime definite "essenziali", in un settore finora fortemente controllato dallo Stato»[4]. Il che significa, in altre parole, introdurre un'asimmetria insostenibile nella contrattazione dei prezzi distruggendo i margini di accordo e di guadagno dei singoli agricoltori. Le proteste non accennano a placarsi, nonostante la repressione particolarmente dura del governo in carica e si susseguono blocchi stradali attuati dai *farmers* disperati e gli arresti effettuati dalla polizia[5].

Si tratta di una questione molto più grave di quanto non si possa pensare poiché la riforma va a sferrare un attacco senza precedenti ad una categoria, nell'ambito della quale, si sono già contati circa 300.000 suicidi negli ultimi vent'anni[6]. Il tutto a fronte di una produzione che, invece, ha fatto registrare uno dei progressi più significativi dell'economia nazionale: ci si riferisce, soprattutto, al raggiungimento dell'autosufficienza nella produzione cerealicola, ossia «il più grande successo dell'India indipendente. Dal ricevere aiuti alimentari negli anni '50 e '60 a diventare un esportatore netto, l'India ha visto un'inversione di tendenza nella produzione alimentare. La produzione alimentare totale, che si attestava a 54,92 milioni di tonnellate nel 1950, è salita a 305,44 milioni di tonnellate nel 2020-21»[7].

La situazione nell'India governata dal Primo Ministro Narendra Modi è tutt'altro che facile e risulta piuttosto preoccupante: il 29 settembre 2020 Amnesty Internatio-

---

[4] M. Tavernini, *India, proteste non stop dei contadini contro la riforma agricola*, in «Osservatorio Diritti», del 10 agosto 2021.

[5] J.K. Singh, *Farmers protest youth activist's arrest, booked*, in «The Times of india», del 13 agosto 2021.

[6] *Ibidem*.

[7] A. Rao, *Here's How India's Economy Has Fared In The Last 75 Years*, in «NDTV Profit», del 13 agosto 2021.

nal è stata costretta a lasciare il Paese dopo la rappresaglia del governo di New Delhi che aveva congelato tutti i conti bancari dell'associazione[8]. In altre parole, pare fondata la denuncia di Kavita Krishnan riportata da *Al-Jazeera*: «I think this raises a big question which the world needs to wake up and recognise that India is no longer a functioning democracy»[9].

Che l'India degli ultimi anni – e soprattutto degli ultimi mesi – sia tutt'altro che una democrazia è ormai un dato inconfutabile. E la deriva antidemocratica sta raggiungendo livelli mai toccati prima: il governo a marzo 2021 ha varato una "riforma" del web che inaugura un preoccupante modello di autoritarismo digitale in linea, purtroppo, con quanto sta accadendo in altri Paesi, *in primis* Cina e Iran[10].

Fatto sta che in India le nuove regole obbligano le aziende a rimuovere i contenuti che il governo dichiara illegali entro tre giorni dalla notifica, compresi i contenuti che minacciano gli interessi della sovranità e dell'integrità dell'India, l'ordine pubblico, la decenza, la moralità o l'incitamento a effettuare un reato. Inoltre, le piattaforme *social* devono consegnare le informazioni sugli utenti alle forze dell'ordine su richiesta e conservare le informazioni sul "primo mittente" di qualsiasi messaggio fornendole al governo se richiesto.

Si tratta di norme fortemente restrittive che rivoluzionano l'utilizzo di Internet per qualsiasi utente in India, ha affermato Apar Gupta, direttore esecutivo della Internet Freedom Foundation indiana: «"Le società di social me-

---

[8] AA.VV., *Amnesty International India halts its work on upholding human rights in India due to reprisal from Government of India*, in «Amnesty International», del 29 settembre 2020.

[9] B. Kuchay, *Amnesty to halt work in India after its bank account 'frozen'*, in «Al-Jazeera», del 29 settembre 2020.

[10] R. Bonuglia, *Ancora brutte notizie dall'Iran: verso la censura del web*, cit.

dia, le piattaforme di streaming e i portali di notizie online sono ora sottoposti a un certo livello di supervisione diretta del governo", afferma. "Queste regole sono un'illustrazione molto chiara del desiderio del governo di controllare la conversazione online. Estendono forme di regolamentazione ad aree che arricchiscono ogni tipo di democrazia e incoraggiano l'autocensura"»[11]. Il che ha portato WhatsApp a citare in giudizio il governo indiano accusandolo di istaurare un regime di tracciamento delle informazioni e di sorveglianza di massa[12] che nulla ha da invidiare a quello cinese realizzato nello Xinjiang[13].

E così, non sorprende che il 24 maggio 2021 la polizia si sia recata nella sede di Twitter di New Delhi affermando che "il sopralluogo" fosse motivato dalla consegna di un "avviso" per denunciare che sul social network si stesse facendo un abuso di disinformazione e che i mandanti di ciò fossero i politici dell'opposizione[14]. D'altra parte, sebbene la costituzione indiana includa il diritto alla libertà di parola, vieta anche l'espressione o la pubblicazione di qualsiasi cosa che metta a rischio la sicurezza, l'ordine pubblico o la "decenza" dell'India: una falla sulla quale sta facendo leva Modi – molto attivo, tra l'altro proprio su Twitter[15] – da tempo.

In ultimo, ma non in ordine di importanza, va ricordato che una ricerca condotta dai ricercatori della London

---

[11] Cfr., la dichiarazione riportata in B. Perrigo, *India's New Internet Rules Are a Step Toward 'Digital Authoritarianism', Activists Say. Here's What They Will Mean*, in «Time», del 12 marzo 2021.

[12] M. Singh, *WhastApp sues Indian government over new regulations*, in «Techcrunch», del 26 maggio 2021.

[13] R. Bonuglia, *Il Lockdown tra fine della privacy e comunismo della sorveglianza*, cit.

[14] S. Bond, *India And Tech Companies Clash Over Censorship, Privacy And 'Digital Colonialism'*, in «NPR», del 10 giugno 2021.

[15] S. Bond, *India's Government Is Telling Facebook, Twitter To Remove Critical Posts*, in «NPR», del 27 aprile 2021.

School of Economics – realizzata in collaborazione con Open Doors – abbia dimostrato quanto le campagne di disinformazione via social siano diventate – con la "complicità" del governo nazionalista – anche uno strumento di persecuzione delle minoranze.

Delle vere e proprie "bugie distruttive" per citare il titolo del documento[16]: la politica di intolleranza, infatti, colpisce sempre più duramente le minoranze religiose. Un termine che non deve trarre in inganno, essendo i cristiani in India, ad esempio, ben 67 milioni e mezzo a fronte di un totale di un miliardo e mezzo di cittadini indiani.

Sono purtroppo ormai molti gli esempi «di disinformazione contro cristiani e musulmani, le loro pratiche, le loro culture e la loro lealtà alla nazione indiana diffuse sui social media da gruppi Hindutva e dai loro sostenitori [...] e attraverso discorsi politici da parte di politici indù a tutti i livelli di governo locale, nazionale e statale»[17]. Il che ha portato a un incremento delle persecuzioni come confermano i casi di «Sunita, che nelle campagne del Madhya Pradesh ha dato alla luce un bambino già morto dopo l'aggressione subita da un gruppo di estremisti indù; del bracciante Ravi, cristiano di etnia Oraon, morto in cella per le conseguenze delle violenze subite nel Jharkhand e nell'Orissa, dell'aborigeno Gagan che ha subìto con tutta la famiglia, unica battezzata di tre villaggio limitrofi, l'agguato di centinaia di facinorosi»[18].

Oppure il caso di Vinita, arrestata durante una riunione di preghiera nella propria casa: «"Otto o nove uomini del quartiere hanno fatto irruzione in casa [...] erano armati di

---

[16] Open Doors, *Bugie distruttive. Disinformazione, incitamento alla violenza e alla discriminazione contro le minoranze religiose in India*, report del 1° luglio 2021.

[17] *Ivi*, p. 8.

[18] S. Vecchia, *India. Le bugie armano le mani degli estremisti: così si perseguitano i cristiani*, in «Avvenire», del 2 luglio 2021.

verghe in mano. Per quasi 30 minuti ci hanno picchiato. Ci calpestavano e ci picchiavano. Stavamo cadendo e ci avrebbero rialzati, continuando l'attacco. Sentivo che oggi non saremmo stati risparmiati". Quando sono arrivati in ospedale, sono state negate le cure mediche, solo a causa della loro fede»[19].

Esempi drammatici ai quali si aggiungono sempre più casi «di molestie sessuali intenzionali e mirate contro ragazze/donne membri di queste comunità, con l'obiettivo di umiliare e "rovinare la loro reputazione"»[20].

A ben guardare, quindi, mentre sventoleranno i tricolori, d'ora in poi in India, per molte categorie, ci sarà davvero poco da festeggiare a Ferragosto. A tutti loro non può che andare il nostro sostegno e la nostra solidarietà.

---

[19] Open Doors, *What's life like for Christians in India?*, in https://www.opendoorsuk.org/persecution/world-watch-list/india/.

[20] Open Doors, *Bugie distruttive. Disinformazione, incitamento alla violenza e alla discriminazione contro le minoranze religiose in India*, cit. p. 8.

L'avvento dei microchip nel dibattito tra interventismo e *laissez faire*

La crisi dei semiconduttori generata dall'impatto che la crisi sanitaria ha avuto a partire dalla primavera 2020 ha trovato un largo riscontro nell'opinione pubblica mondiale tanto da entrare nelle agende politiche internazionali.

Si è parlato, non a caso, di "geopolitica dei microchip"[1] e importanti attori della scena politica globale – *in primis* l'Unione Europea – si sono attivati in tal senso elaborando dei veri e propri Chip Act[2] risultanti di strategie economiche atte a rendere autonomi gli Stati e le unioni di essi nell'ambito della produzione di questi componenti.

A beh guardare, comunque, a netto della crisi degli approvvigionamenti il tema non era nuovo nell'ambito delle analisi di economia politica internazionale: basti citare, in tal senso, il dibattito che aveva portato, negli anni Ottanta, Barbara Spencer e James Brander a sostenere che la mancanza di concorrenza perfetta portasse al fallimento del mercato tanto da giustificare un intervento pubblico[3].

Lo Stato avrebbe dovuto, insomma, intervenire sulla

---

[1] R. NANNI, *La Geopolitica dei Microchip nei rapporti tra Cina e Afghanistan*, in «Geopolitica», del 4 settembre 2021.

[2] AA.VV., *Von der Leyen: a febbraio il Chip Act con aiuti di stato per produrre microchip in Unione Europea*, in «Rai News», del 20 gennaio 2022.

[3] J.A. Brander, B.J. Spencer, *Export subsidies and international market share rivalry*, in «Journal of International Economics», vol. 18, nn. 1-2, del 1985, pp. 83-100.

mano invisibile di smithiana memoria laddove si fossero create le condizioni di oligopolio o, peggio ancora, di monopolio internazionale nella produzione di un determinato bene.

In questi casi, sostennero i due studiosi dell'Università della British Columbia che i governi nazionali avrebbero dovuto agire in deroga al principio del "laissez faire" sostenendo direttamente la nascita – e sopportandone l'attività – di imprese volte alla produzione di quel bene prima esclusiva di una determinata economia. Il tutto al fine precipuo di rompere il monopolio creatosi di fatto.

La premessa a questo tipo di analisi, ieri come oggi, veniva dall'allora nascente mercato del microchip.

Il Giappone, infatti, proprio in quegli anni aveva, *de facto*, bruciato a tal punto la concorrenza tecnologica degli altri Paesi da avere una sorta di monopolio della produzione mondiale di questi componenti. Anche e soprattutto perché il governo aveva sostenuto direttamente questo asset strategico della produzione finanziando o partecipando le imprese che operano in quel settore.

Un fatto, questo, che spostò dalla produzione di un bene l'attenzione alle conseguenze che questo possa avere nell'ambito dell'economia politica internazionale laddove un'economia nazionale diventasse, in tal senso, monopolistica in quanto senza concorrenti.

I fautori dell'interventismo statale nell'economia, quindi, in anni durante i quali si diffondevano le istanze liberiste e neo-liberiste che nel nome della "deregulation" condannavano le aziende di Stato e la presenza dei governi nei pacchetti azionari delle grandi imprese, rilanciavano in nome della concorrenzialità in alcuni settori strategici proprio l'approccio keynesiano di azione statale nell'economia.

In una serie di articoli, ad esempio, James Fallows si scagliò contro il "liberoscambismo" – sinonimo, questo, di *laissez faire* – elogiando quanto fatto in Giappone dal governo parlando, inoltre, di un "modello giapponese" da studiare, seguire, imitare. E l'ambito in cui questo modello di era sviluppato era, guarda caso, proprio quello dei microchip tanto che si iniziò a parlare di "guerra dei computer" e di "parabola dei chip"[4].

D'altra parte, all'epoca la questione non era solo di natura tecnologica ma aveva una vasta portata nella vita quotidiana di miliardi di persone: erano quelli gli anni in cui i computer erano entrati negli uffici di milioni di aziende e stava accadendo lo stesso nelle case di altrettante di famiglie.

Lo stesso Fallows poneva l'accento sul fatto che la rivoluzione informatica avesse coinvolto molte tendenze tecniche e commerciali separate che si muovevano in direzioni diverse a velocità diverse.

Una sorta di vero e proprio cambiamento tecnico e tecnologico, insomma, che dalla meccanica portava l'enfasi sull'informatica e l'informatizzazione dei compiti e dei talenti che ha avuto il maggiore impatto sulla vita quotidiana concretizzato proprio dal mercato dei chip semiconduttori.

La rilevanza economica di questo mercato era anche politica visto che sui microchip erano nati e crollati rapidamente veri e propri imperi commerciali facendo le fortune e le sfortune di investitori, lavoratori, settori dell'indotto ma, anche e non in misura irrilevante, incidendo con le loro performance sulle economie nazionali ed il loro rapporti di forza.

Per questo si pose la questione se lo Stato fosse da considerare un alleato strategico nell'incoraggiare le proprie imprese ad abbracciare questo tipo di produzione al fine di rompere la condizione di monopolio e di vantaggio competitivo che l'interventismo giapponese aveva creato. Soprat-

---

[4] J. Fallows, *The Computer Wars*, in «The New York Review», del 24 marzo 1994 e Id., *Caught in the Web*, in «The New York Review», del 15 febbraio 1996.

tutto in considerazione del fatto, in un certo senso anche paradossale, che l'industria dei microchip fosse nata non nel Paese dei ciliegi, ma in America nel 1971 quando «Intel introdusse il primo processore, il cervello di un computer su un chip»[5].

Pur avanti in termini tecnologici, insomma, gli Usa avevano visto in poco tempo svanire il proprio vantaggio competitivo assistendo al sorpasso del Giappone in questo asset strategico non solo dal punto di vista economico-politico ma anche sotto altri aspetti facilmente intuibili come altrettanto fondanti: dalla sicurezza nazionale alla competitività in ricerca e sviluppo, tanto per fare alcuni esempi.

Non sorprende, quindi, che nel 2009 Kurt Jacobsen abbia espressamente parlato di politica economica dei microchip[6] sottolineando come questo asset produttivo fosse oramai diventato un settore non solo con una rilevanza per i mercati, ma anche per i governi.

L'anno dopo fu David Brooks a intervenire nel dibattito tra interventisti e sostenitori del *laissez faire* che la questione dei microchip aveva sollevato: «i nostri partner commerciali, in Europa e in Giappone, sono in stagnazione o in difficoltà. Le nostre banche non prestano alle piccole imprese e quelle di altri paesi devono fare i conti con enormi svalutazioni contabili. Anche la guerra psicologica fra le imprese e l'amministrazione Obama sta lasciando il segno. Gli imprenditori pensano che il governo sia composto da professoroni sprovveduti. Nel governo, qualcuno vede i capitani d'industria come liberisti ipocriti che cercano solo l'interesse delle grandi aziende»[7].

---

[5] P.R. Krugman, M. Obstfeld, *Economia internazionale. Teoria e politica del commercio internazionale*, vol. I, Milano, Pearson, 2007, p. 361.

[6] K. Jacobsen, *Microchips and Public Policy - The Political Economy of High Technology*, in «British Journal of Political Science», n. 22 del 2009, pp. 497-519.

[7] D. Brooks, *Intervenire o «laissez faire»? La sintesi c'è: è la Silicon Valley*, in «IlSole24Ore», del 31 luglio 2010.

L'intervento si innestava in un dibattito che durava, ormai, da qualche decennio e che un altro Brooks (Arthur) aveva rilanciato pubblicando un volume[8] nel quale fotografava un trend in America che, per la prima volta, aveva portato quasi un terzo degli statunitensi a sostenere la necessità di una politica più interventista nel settore al fine di ridurre il gap con i "produttori dei chip".

A maggior ragione del fatto che in quegli anni – a ridosso, giova ricordarlo, della grande crisi generata dalla bolla immobiliare e dal fallimento della Lehman Brothers – i fautori dell'intervento sostenessero che gli Usa avrebbero dovuto assumere dal modello giapponese l'approccio che ne aveva decretato il successo. E che rinvenivano nel tacito accordo tra «le imprese giapponesi utilizzatrici di semiconduttori nel settore dell'elettronica di consumo [...] che prevedeva la preferenza per i semiconduttori nazionali anche se il prezzo era maggiore o la qualità inferiori a quella dei concorrenti americani»[9].

Il che aveva fatto parlare, proprio a causa di questo cambio di paradigma in atto, anche negli Usa di un significato e storico superamento – consumatosi tra l'ultimo decennio del Novecento ed il primo del nuovo millennio – e della "fine del laissez faire" causata proprio dalla questione dei microchip[10].

---

[8] A.C. Brooks, *The Battle: How the Fight Between Free Enterprise and Big Government Will Shape America's Future*, New York, Basic Books, 2010.

[9] P.R. Krugman, M. Obstfeld, *Economia internazionale. Teoria e politica del commercio internazionale*, cit., p. 361.

[10] R. Kuttner, *The End of laissez-Faire. National purpose and the Global Economy after the Cold War*, Philadelphia, University of Pennsylvania Press, 1991, p. 167 e ss. e L. Berlin, *The Man behind the Microchip: Robert Noyce and the Invention of Silicon Valley*, Oxford, Oxford University Press, 2006, pp. 174 e ss.

La geopolitica dei microchip tra Cina e Afghanistan

La questione dei microchip è tornata attuale – ma forse non ha mai, realmente, cessato di esserlo – durante il 2020: il rallentamento della produzione che ha colpito l'emisfero orientale del mondo ha generato una crisi di disponibilità sul mercato di questi componenti senza precedenti. Tanto da aver fatto parlare di *chipageddon*[1].

Ciò è accaduto, a ben vedere, proprio in virtù del fatto che alcune nazioni (quelle del Sud Est asiatico, soprattutto) potessero vantare, ormai, dal punto di vista globale, un vero e proprio primato delle aziende che lavoravano e che lavorano i cosiddetti semiconduttori.

Si tratta di un bene tutto sommato basico: un piccolo pezzo di silicio – la cui industria ha una filiera che necessita di altre materie prime come il nickel, il gallio, l'indio, il venadio, il litio, la grafite e il cobalto – dove vengono stampati circuiti molto complessi in grado di rendere possibile a computer e non solo di effettuare elaborazioni molto sofisticate in modo veloce e automatico.

Tanto per fare un esempio, i semiconduttori servono alle Tesla per rendere possibili tutta una serie di operazioni avanzate che consentono ormai la guida semi automatica del veicolo, e lo stesso ormai vale per aerei, navi ma anche

---

[1] M. Morris, *What does chipageddon have to do with climate change?*, in «ABC News», del 6 maggio 2021.

per smartphone, tablet, device di Internet of Things (IOT), macchine per il caffè o lavatrici.

Di fatto, l'informatizzazione dei componenti che fanno parte – e sono dati ormai per scontati – della vita quotidiana di miliardi di persone in tutto il mondo passa per le fabbriche di semiconduttori. Se questa produzione si ferma, in altre parole, si alzano i prezzi di tutti questi oggetti e si rischia di non avere più scorte per le esigenze del mercato.

Il fatto che a monte di questa filiera le aziende siano per lo più concentrate in una zona del villaggio globale crea un potenziale problema che con la crisi sanitaria si è concretizzato: si blocca non solo la produzione di semiconduttori e di microchip, ma anche quella delle aziende che realizzano beni di largo consumo che non possono prescindere da essi.

Il tutto crea uno shock internazionale frutto di una asimmetria di mercato che diventa anche geopolitica di rilevanza per la politica economica internazionale: i Paesi che dipendono da quelli produttori di microchip si trovano in una condizione di subalternità in quanto, impiantare la produzione di tali beni non è un processo rapido e istantaneo. E nemmeno, come dire, economicamente sostenibile per un imprenditore che non sia supportato da interventi di Stato per l'apertura di stabilimenti e nella ricerca di talenti in grado di essere messi sotto contratto.

L'attuale crisi dell'offerta di chip, esacerbata dal coronavirus, conferma infatti le sfide politiche e di sicurezza che gli Stati possono affrontare quando le risorse scarseggiano e quando i principali siti di produzione di chip sono al centro di controversie geopolitiche.

Gli enormi squilibri di mercato causati dalla pandemia hanno confermato quanto sia soggetta a crisi l'industria dei semiconduttori proprio perché a differenza di altri assets, l'impostazione dell'intero processo di sviluppo e produzione del chip richiede anni: non solo il design del chip deve essere pianificato attentamente, ma anche gli impianti di produzione ad esso destinati devono esserlo. Inoltre, durante questo processo è sempre necessario anticipare lo sviluppo tecnologico futuro.

Essendo quindi materie prime dello sviluppo tecnologico, semiconduttori e microchip rappresentano «componenti essenziali per lo sviluppo manifatturiero di dispositivi digitali» il che rende «la distribuzione geografica delle cosiddette terre rare rappresenta una questione centrale nelle dinamiche geopolitiche»[2].

Inoltre, le aziende del settore dei chip potrebbero dover tenere conto dei fattori geopolitici e degli effetti dei cambiamenti climatici nella scelta dell'ubicazione dei siti.

Le restrizioni commerciali motivate politicamente rappresentano un rischio per destabilizzare ulteriormente le catene di approvvigionamento e possono causare incertezza per le aziende coinvolte.

D'altra parte, la corsa alla superiorità tecnologica va di pari passo con l'aumento della politica industriale: Cina, Giappone, Corea del Sud, Stati Uniti, Taiwan e, più recentemente, l'Unione Europea (UE) stanno tutti lanciando regimi di sussidi del valore di miliardi di dollari per attirare i produttori di chip leader a livello mondiale a creare il prossimo sito di produzione sul loro territorio.

Per quanto possa essere allettante per i Paesi coinvolti, la costruzione di un sito di produzione all'avanguardia può rivelarsi per soddisfare richieste di prestigio, ma non necessariamente industriali, motivate (geo)politicamente[3].

Un esempio su tutti è rappresentato dalla crisi geopolitica che ha vissuto l'Afghanistan nell'estate 2021 con il ritorno al potere dei "Talebani": un evento così diverso rispetto

---

[2] AA.VV., *I microchip sono un ingranaggio geopolitico. Le azioni del governo italiano*, in «Formiche», del 26 luglio 2021.

[3] J. Kamasa, *Chip Shortages in the Light of Geopolitics and Climate Change*, in «Center for Strategic & International Studies», del 9 febbraio 2022.

al tema trattato e considerato non deve trarre in inganno. Infatti, oltre ad avere da sempre una posizione geopolitica di importanza fondamentale per la "Via della Seta" e gli equilibri della regione, l'Afghanistan è al contempo un territorio ricco di materie prime utili per la produzione di microchip[4].

Lo conferma il fatto che «secondo rapporti governativi statunitensi, l'Afghanistan possiede riserve minerarie e [...] terre rare utili alla produzione di microchip essenziali per il funzionamento di dispositivi digitali»[5].

Ciò ha avuto conseguenze dirette anche sulla politica dell'area con l'avanzata dei Talebani che non è certo stata seguita con pregiudiziali religiose o morali da parte di Pechino: l'affermazione o meglio il ritorno dei Talebani in Afghanistan, infatti, ha rappresentato «un forte vantaggio per la Cina nell'accesso alle risorse del sottosuolo afgano con potenziali ripercussioni a favore delle aziende cinesi nella catena produttiva dei microchip»[6].

Non sorprende, dunque, che dopo il ritiro delle truppe statunitensi il Paese sia diventato subito oggetto di attenzione della Cina impegnata in una vera e propria «competizione tecnologica con gli USA»[7] da diversi anni.

Il meccanismo, piuttosto complesso, sul quale si è sviluppata questa competizione è rinvenibile nel complesso scacchiere internazionale della geopolitica del Terzo millennio: molto spesso i microchip sono progettati da un Paese ma realizzati altrove.

---

[4] J. Horowitz, *The Taliban are sitting on $1 trillion worth of minerals the world desperately needs*, in «CNN Business», del 19 agosto 2021.

[5] R. Nanni, *La Geopolitica dei Microchip nei rapporti tra Cina e Afghanistan*, cit.

[6] *Ibidem*.

[7] R. Nanni, M. Patriarca, R. Ventura, A. Vesprini, *Geopolitical Brief #29 – Geopolitica dei microchip Tra tecnologia, terre rare e supply chain*, ora in https://www.geopolitica.info/prodotto/geopolitical-brief-29-geopolitica-dei-microchip-tra-tecnologia-terre-rare-e-supply-chain/.

E non solo in un'altra nazione come avviene, secondo le regole della delocalizzazione, con le scarpe da ginnastica o altri beni finiti che possono essere lavorati, assemblati e spediti da una parte all'altra del globo grazie all'international shipping.

Se il progetto di un nuovo chip, ad esempio realizzato in Silicon Valley da Apple, viene completato, poi «a progetto concluso, si procede con l'invio del disegno in Giappone, il Paese deputato alla realizzazione tecnica dei materiali necessari alla creazione del chip. Una volta estratti i lingotti di materiale tecnico, il Giappone provvede a inviarli nuovamente agli USA, che si premureranno di ricavare da essi i cd. "wafer" semiconduttori. Ciascun wafer viaggia, in realtà, per diverse parti del mondo: Cina, Malesia, Sud-Est Asiatico, Indonesia, etc. per poi rientrare negli USA»[8].

Il che, ha scatenato, soprattutto durante la Presidenza Trump la guerra dei dazi che non a caso è stata connotata come la "Trade War": ciò conferma l'assoluta rilevanza geopolitica di un bene, quello dei microchip, molto più importante di quanto non si possa ritenere nelle strategie dei vari Stati che trascendono i confini stessi della politica e dell'economia per tirare in ballo altri aspetti non meno fondamentali.

Come è stato giustamente sottolineato dallo storico Eric John Ernest Hobsbawm le potenze militari sono al contempo potenze economiche cercando di essere, al contempo, leader nell'ambito tecnologico[9].

Quindi, di conseguenza, sono le tecnologie a svolgere un ruolo fondante «tanto ai fini della competitività economica. Quanto ai fini della competizione politica e militare. Nella geopolitica internazionale, obiettivo principale di ogni nazione è sviluppare al proprio interno rilevanti ag-

---

[8] G. Tirozzi, *Cybertech e la questione geopolitica dei microchip*, in «BitCorp», del 15 dicembre 2021.

[9] E.J. Hobsbawn, *Il Secolo Breve*, Milano, Rizzoli, 2011.

glomerazioni produttive centrali sul piano tecnologico e strategico, in comparti industriali di punta e nei settori tecnologici di frontiera»[10].

A maggior ragione del valore anche economico-finanziario che la partita geopolitica che si sta giocando sul campo dei semiconduttori riveste: si parla, secondo le stime di Bloomberg, di circa 500 miliardi.

Che, in considerazione e a conferma di quanto precedentemente analizzato, risultano asimmetricamente distribuiti visto che nel villaggio globale il 70% di questo valore è detenuto dalle due più grandi aziende di produzione di semiconduttori: la Samsung e la TSMC. Coreana (del Sud) la prima e di Taiwan la seconda.

Un problema per la Cina – da qui l'interesse geopolitico per Taiwan – e per gli USA in quanto «è vero che colossi americani come Intel producono circuiti integrati, ma il Covid-19 ha messo al centro la necessità da parte dell'Occidente di produrre chip anche di fascia bassa e soprattutto quella di avere un accesso alla produzione di terre rare, i cui giacimenti sono principalmente in Cina (41%) e in Africa (30%), secondo un report pubblicato dalla Commissione europea»[11].

Aspetti che non esauriscono la portata strategicamente fondante della partita sui microchip che Cina, Usa – e anche in parte l'Europa – stanno giocando. Vi è, infatti, anche l'aspetto inerente al *climate change* che va tenuto conto: la necessità di ridurre le emissioni di gas serra ha portato a nuove forme di mobilità, case e reti intelligenti e alla decarbonizzazione delle fonti energetiche.

I chip sono necessari per questa trasformazione in quanto consentono funzioni di controllo e sterzo essenziali: una

---

[10] A. Russo, *Economia politica internazionale. Potere, sviluppo e tecnologia nell'era globale*, Milano, Mondadori, 2018, p. 232.

[11] A. Ròciola, *Perché i microchip sono così importanti. Origini e cause della crisi globale*, in «AGI», del 14 aprile 2021.

persistente scarsità di chip può rallentare la transizione energetica.

Inoltre, il cambiamento climatico sta colpendo sempre di più le principali sedi di produzione. Ad esempio, ne è stata colpita la TSMC di Taiwan dove il Paese sta vivendo periodi cronici di siccità. Ciò ha un impatto non solo sull'approvvigionamento idrico generale dei siti di produzione di chip, ma anche sulla sua alimentazione alimentata da energia idroelettrica. Al contempo, in Texas, nel 2022 un'insolita tempesta invernale ha causato un'interruzione di corrente con la conseguente chiusura totale della produzione nei siti di produzione di semiconduttori.

Tali interruzioni di corrente pesano molto, poiché il processo di produzione dei chip deve avvenire in camere bianche con temperatura stabile e aria pura. Interruzioni di qualsiasi tipo rendono il prodotto inutilizzabile.

Dopo una tale interruzione nel processo di produzione, l'aumento delle capacità in questo settore complesso è questione di settimane, non di giorni. Inoltre, la recente carenza di approvvigionamento energetico della Cina ha comportato una diminuzione delle capacità nell'estrazione di materie prime.

Come quindi è stato giustamente evidenziato, «la correlazione tra terre rare, microchip, e automotive sembra dunque manifestare nuovamente la sua esistenza, mostrando i vari punti di contatto che vi sono tra il settore produttivo tecnologico e l'andamento delle scelte dei consumatori e, forse, sarebbe più corretto dire dell'economia»[12].

---

[12] G. Tirozzi, *Cybertech e la questione geopolitica dei microchip*, cit.

Più blockchain e meno bitcoin: *Whatever it takes* all'italiana

Nel febbraio 2018, come noto, Mario Draghi era ancora in sella alla Banca Centrale Europea (BCE). In questa veste partecipò ad un "dibattito" organizzato dalla piattaforma Debating Europe che, un mese prima, fornì su Twitter la possibilità di rivolgere all'intervistato delle domande usando l'hashtag #AskDraghi.

Secondo la *vulgata* uno studente italiano, non a caso dal nome di Italo, ne inviò una che fu scelta e posta all'attenzione dell'economista: «Se lei fosse un giovane studente universitario come me, investirebbe in Bitcoin?»[1].

Bella domanda, non c'è dubbio. D'altra parte, Draghi ha da sempre studiato i temi monetari, come conferma il titolo della tesi – *Integrazione economica e variazione dei tassi di cambio* – con la quale si laureò, nel 1970, in Economia presso l'Università degli Studi di Roma "La Sapienza". Un elaborato del quale fu relatore Federico Caffè[2]: un lavoro

---

[1] Il video della risposta di Mario Draghi a "Italo" è in Debating Europe, *Mario Draghi answers Italo on bitcoins*, del 13 febbraio 2018, ora in https://www.youtube.com/watch?v=ybRNt1OJQRk.

[2] Le informazioni sono riprese dalla biografia di Draghi allegata al testo della lezione "Conoscere per deliberare" – esplicito omaggio alla più famosa delle *Prediche inutili* di Luigi Einaudi (Torino, Einaudi, 1964, p. 3) – tenuta in occasione del conferimento a Draghi della *laurea honoris causa* in Scienze Statistiche presso l'Università degli Studi di Padova il 18 dicembre 2009, cfr., https://web.archive.org/web/20140904121313/ http://www.unipd.it/sites/unipd.it/files/18_12_09_Draghi.pdf.

approfondito, originale e in larga parte anche critico, visto e considerato che, nel presentare il Piano Werner[3], l'allora giovane laureando – a soli 23 anni – ne criticava l'impianto generale relativamente al suo indice di fattibilità nella realtà fattuale dell'epoca in cui era stato concepito.

Il documento analizzato da Draghi in seduta di laurea era stato stilato da una commissione di esperti guidata da Pierre Werner, Primo Ministro lussemburghese del Partito Popolare Cristiano Sociale (che darà poi alla Commissione Europea due Presidenti, Jacques Santer e Jean-Claude Juncker). *De facto*, il Piano Werner conteneva un programma di unione in 3 stadi, per molti versi simile a quello che – riproposto nel 1987 dal Comitato Delors – avrebbe successivamente dato luogo alla nascita dell'euro. Ma, al contrario del Rapporto Delors, il documento firmato da Werner – commissionatogli dall'allora Comunità Economica Europea (CEE) – non proponeva una nuova moneta con una propria banca centrale, bensì solo la fissazione irrevocabile dei tassi di cambio e lo stretto coordinamento delle politiche monetarie[4].

Lo stesso Draghi ricordando il suo "scomparso" maestro – di Caffè, lo ricordiamo, si persero misteriosamente le tracce all'alba del 15 aprile 1987, quattro giorni dopo il suicidio di Primo Levi – sottolineò quanto il nucleo fondante della sua tesi fosse quello di sostenere che le condizioni per l'attuazione del Piano Werner «allora non esistevano»[5] e che «la

---

[3] Cfr., AA.VV., *From the Werner plan to the EMU: in search of a political economy for Europe*, a cura di L. Magnusson e B. Stråth, Bruxelles, P. Lang, 2001.

[4] Cfr. in tal senso la voce *Piano di Werner* in AA.VV., *Dizionario di Economia e Finanza*, cit.

[5] M. Draghi, *La politica economica di Federico Caffè ai nostri giorni*, Discorso di Mario Draghi, Presidente della BCE alla celebrazione del centenario della nascita di Federico Caffè, Aula Magna della Scuola di Economia e Studi Aziendali «Federico Caffè», Roma, 12 novembre 2014 ora in https://www.ecb.europa.eu/press/key/date/2014/html/sp141112.it.html.

moneta unica era una follia, una cosa assolutamente da non fare»[6]. Eppure, per uno scherzo del fato, sarà proprio lui a salvarla, nel luglio 2012, quando con il discorso "Whatever it takes" si rivolse al mondo annunciando che la BCE sarebbe stata «pronta a fare tutto il necessario per preservare l'euro»[7].

Ma torniamo al febbraio 2018. Dalla condanna della moneta unica a quella del bitcoin il passo è breve: Draghi, infatti, rispose così al giovane "Italo": «Non sta a me dire a Italo cosa fare, ma francamente ci penserei in modo attento. [...] Il valore di Bitcoin oscilla fortemente. Non definirei Bitcoin una moneta per questa ragione e per un'altra: l'euro è sostenuto dalla Banca Centrale Europea, il dollaro dalla Federal Reserve, le valute sono sostenute dalle banche centrali dei loro governi. Nessuno lo fa con Bitcoin»[8]. E poi aggiunse: «Bitcoin o qualcosa del genere non sono davvero valute, sono beni. Un euro è un euro: oggi, domani, tra un mese, è sempre un euro»[9].

Nel corso dell'intervento, Draghi condivise, sì, le sue perplessità sulle criptovalute, ma lo fece evidenziando, al contempo, un certo interesse per i meccanismi di funzionamento delle blockchain, considerate una «promettente tecnologia che probabilmente sosterrà l'economia e creerà molti benefici»[10].

---

[6] Cfr., il comunicato stampa Adnkronos, *Bankitalia: Draghi, nella mia tesi del '70 scrivevo che moneta unica era follia*, del 9 novembre 2006.

[7] Il video del celebre discorso è in https://www.huffingtonpost.it/entry/quando-draghi-disse-la-bce-e-pronta-a-fare-il-necessario-per-preservare-leuro-e-sara-abbastanza_it_5db1c6e1e4b0bc7f96fda902. In tal senso cfr., anche M. Draghi, *Whatever it takes: Mario Draghi in parole sue*, a cura di J. Randow e A. Speciale, Milano, Rizzoli, 2021.

[8] Il brano della risposta di Draghi a "Italo" è in C. Ghidotti, *Quando Draghi entrò a gamba tesa su Bitcoin*, in «Punto informatico», del 2 marzo 2021.

[9] A. Foti, *Blockchain, AI e IoT, com'è messa l'Italia: obiettivi e sfide dal Fondo per lo sviluppo alle strategie nazionali*, in «Agenda Digitale», del 15 dicembre 2021.

[10] AA.VV., *Draghi studia la blockchain e sul bitcoin dice: non è la Bce a dover scrivere le regole*, in «IlSole24Ore», del 13 febbraio 2018.

Considerata integralmente, a leggere tra le righe dalla risposta fornita da Draghi, in effetti non si ravvisava una vera e propria condanna delle valute virtuali, ma solo un appello alla prudenza e, soprattutto, l'annuncio che la necessaria regolamentazione di un fenomeno globale come questo, necessitasse di una risposta altrettanto globale, la quale non potesse passare solo per la BCE. Le aperture sulla blockchain erano una prima manifestazione di interesse per una modalità finanziaria che lo stesso Draghi definiva interessante e della quale non precludeva l'adozione.

Non a caso, la stessa BCE iniziò a studiare di lì a poco le modalità per l'introduzione di un euro digitale, e nell'ottobre 2020 ammise di aver calendarizzato entro giugno 2021 – data poi disattesa causa Covid-19 – il varo di «una moneta in forma elettronica a cui tutti i cittadini e le imprese avrebbero accesso per effettuare pagamenti giornalieri in modo rapido, semplice e sicuro, come con le banconote, ma in forma digitale»[11].

Già all'inizio del 2018, quindi, Draghi accese il suo interesse nei confronti della tecnologia sulla quale si basava il fenomeno bitcoin: la blockchain. Si tratta, in pratica, di una banca dati, di un database in cui vengono immesse e conservate informazioni memorizzate attraverso il ricorso di sistemi completamente informatizzati. In altre parole, è una tecnologia *open source* gestita non da un server centrale, bensì da una rete diffusa di singoli pc. Questo, almeno, era l'idea alla quale lavorarono, nel 1991, i suoi ideatori Stuart Haber e W. Scott Stornetta: creare un sistema sicuro atto a non permettere «modifiche non autorizzate ai *timestamp*, cioè la sequenza di caratteri che rappresenta l'effettivo avvenimento di un certo evento digitale»[12].

---

[11] T. Lecca, *"Euro digitale entro giugno 2021", l'ipotesi Bce 'contro' la criptovaluta di Facebook*, in «Europa Today», del 5 ottobre 2020.

[12] AA.VV., *Come funziona la tecnologia blockchain*, in «Qui Finanza», del 17 giugno 2021.

A ben guardare sarebbe più corretto assimilare la blockchain ad un sistema di registri piuttosto che ad un database, in quanto «alla stessa stregua dei vecchi registri di pergamena, annotati a mano e divisi in pagine e righe, la Blockchain svolge il suo compito primario, comune a tutti i registri sin dall'antichità: registrare, cristallizzare, custodire e informare, sui dati che vi si trascrivono. Solo che la Blockchain fa il suo lavoro in modo inalterabile, sicuro ed inoppugnabile, e, soprattutto, senza alcun bisogno di una entità centrale esterna, munita di autorità, che garantisca la certezza dei suoi dati»[13].

Il sistema dei registri distribuiti (Dlt) che ha originato la blockchain la rende uno strumento che può trovare ampio impiego al di là delle criptovalute. Nel 2018 il World Economic Forum ha evidenziato come la blockchain possa essere considerato uno strumento fondante in grado di promuovere la quarta rivoluzione industriale in virtù delle sue caratteristiche distintive: «il registro immutabile e diffuso e la crittografia avanzata, che consentono il trasferimento di risorse tra parti in modo sicuro ed economico senza intermediari [...] Il che consentirebbe di poter utilizzare il sistema per affrontare le pressanti sfide ambientali come il cambiamento climatico, la perdita di biodiversità e la scarsità d'acqua»[14].

Gli analisti più entusiasti del sistema e delle sue potenzialità, l'hanno persino definito come una «rivoluzione di importanza equivalente all'invenzione della stampa da parte di Gutenberg nel 1483, che, con il suo esordio, ha sottratto la conoscenza alle fonti centralizzate che fino ad allora la detenevano, la custodivano, la manipolavano e la diffondevano»[15].

---

[13] G. Aranguena, *Blockchain: cos'è e come funziona, tutto quello che c'è da sapere*, in «Network Digital 360», del 31 dicembre 2018.

[14] World Economic Forum, *Building Block(chain)s for a Better Planet*, WEF, Ginevra, 2018, pp. 7-8.

[15] G. Aranguena, *Blockchain: cos'è e come funziona, tutto quello che c'è da sapere*, cit.

Al di là delle più rosee previsioni, rimane indubbio che, ad oggi, le sperimentazioni della blockchain abbiano già trasceso il mondo delle monete virtuali: molte industrie ne fanno già uso «nel campo assicurativo, nei servizi per il cittadino, nell'assistenza sanitaria, nel commercio al dettaglio, nel settore agroalimentare, nel campo immobiliare, nella logistica, ecc.»[16]. Un altro esempio è quello che riguarda i dati elettorali: «un sistema di voto potrebbe funzionare in modo tale che per ogni cittadino di un paese venga emessa una singola criptovaluta o token. A quel punto a ciascun candidato potrebbe essere assegnato un indirizzo di portafoglio specifico e gli elettori potrebbero inviare il proprio token o criptovaluta all'indirizzo del candidato per cui desiderano votare: la natura trasparente e tracciabile della blockchain eliminerebbe – in linea di massima e al netto di attacchi hacker strutturati – la necessità del conteggio dei voti da parte dell'uomo e la possibilità di manomettere le schede elettorali»[17].

In linea di massima le potenzialità della blockchain la rendono uno strumento in grado di garantire, tra le altre cose: la tracciabilità dei cibi e degli alimenti come già fanno Walmart e Carrefour; la possibilità di seguire nel mondo l'invio ed il percorso delle merci, come fa la più grande compagnia di spedizione di container, la Maersk; la possibilità di perfezionare il sistema delle certificazioni; la possibilità di migliorare i sistemi degli asset di gioco negli e-games di ogni tipo; la criptografia delle informazioni contabili; la gestione di utenze e volture in caso di compravendite; la protezione delle identità online degli utenti della rete[18].

---

[16] Osservatorio Blockchain & Distributed Ledger della School of Management del Politecnico di Milano, *Blockchain & Distributed Ledger: verso l'Internet of Value*, Milano, 2018.

[17] L. Conway, *Blockchain Explained*, in «Investopedia», del 31 maggio 2021.

[18] Cfr., E. Spagnuolo, *7 applicazioni per la blockchain oltre il bitcoin*, in «Wired», del 15 marzo 2019.

Risulta quindi evidente l'errore spesso compiuto quando si parla di blockchain associandola solo alle criptovalute: «mai e poi mai assoceremmo a questo termine ad esempio il Green Pass, oppure un servizio bancario, i servizi sanitari o, ancora, un videogioco. Che nesso avrebbero queste e altre situazioni con la blockchain? In realtà c'è ed è molto importante. Addirittura si prevede che questi servizi, entro il 2026 – la fonte è MarketsandMarkets -, costituiranno un mercato dal valore di circa 67,4 miliardi di dollari»[19].

In Italia, tra l'altro, il Ministero dello Sviluppo Economico (MISE), già nel settembre 2018, aveva avviato una manifestazione di interesse[20] per la creazione un gruppo di esperti di alto livello – poi regolarmente istituito[21] – per elaborare una strategia nazionale «sull'intelligenza artificiale e la strategia nazionale in materia di tecnologie basate su registri condivisi e blockchain»[22].

Ecco allora che non sorprende l'interesse alla blockchain di Draghi, il cui governo ha prima adottato il Green Pass (Dpcm del 17 giugno 2021[23]) e poi il Green Pass "raffor-

---

[19] O. Lasperini, *Blockchain: ecco la tecnologia che ti cambierà la vita*, in «Punto Informatico», del 17 novembre 2021.

[20] MISE, *Blockchain: lanciata call per esperti*, del 28 settembre 2018, ora in https://www.mise.gov.it/index.php/it/notizie-stampa/2038651-blockchain-il-mise-istituisce-un-gruppo-di-esperti-di-alto-livello-per-l-elaborazione-della-strategia-nazionale.

[21] L'elenco dei profili selezionati è in MISE, *Blockchain - Membri del Gruppo di esperti*, ora in https://www.mise.gov.it/index.php/it/10-istituzionale/ministero/2039024-blockchain-membri-del-gruppo-di-esperti.

[22] MISE, *Intelligenza artificiale e blockchain: selezionati gli esperti*, del 27 dicembre 2018, ora in https://www.mise.gov.it/index.php/it/198-notizie-stampa/2039027-intelligenza-artificiale-e-blockchain-selezionati-gli-esperti.

[23] Cfr., *Disposizioni attuative dell'articolo 9, comma 10, del decreto-legge 22 aprile 2021, n. 52, recante «Misure urgenti per la graduale ripresa delle attività economiche e sociali nel rispetto delle esigenze di contenimento della diffusione dell'epidemia da COVID-19»*, in «Gazzetta Ufficiale», Serie Generale, n. 143 del 17 giugno 2021.

zato" (Decreto legge del 26 novembre 2021[24]). Non è certo un caso, quindi, che il certificato verde si basi proprio «su una tecnologia blockchain a crittografia asimmetrica, ossia a doppia chiave, pubblica e privata [...] che permette di collegare determinate 'condizioni' a un individuo, il quale, scaricando il Pass, apre la propria identità digitale sulla relativa piattaforma di rete europea»[25] la Digital Green Certificate Gateway, gestita guarda caso, dalla Commissione Ue.

Leciti i dubbi avanzati qualche tempo fa[26] dal Garante della Privacy italiano sulla riservatezza dei dati e delle identità digitali che sottendono l'estensione progressiva del certificato verde e che avevano già portato, ad esempio, la Repubblica di San Marino ad adottare un sistema di verifica dei Green Pass decentralizzato, in grado di consentire «la trasparenza operativa pur proteggendo la privacy individuale, poiché i blocchi di dati sensibili possono essere crittografati e accessibili solo da entità specifiche con una chiave di crittografia»[27].

In Italia, invece, il Green Pass è, *de facto*, uno strumento dinamico – come imposto dalle condizioni emergenziali in cui è stato realizzato, adottato e in parte imposto – il cui utilizzo potrà estendersi e arricchirsi nelle forme più diverse: «potrà abilitare il soggetto in base a condotte di comportamento (oggi la vaccinazione, domani pagamenti...) o a *status* (residenza, occupazione, dichiarazione dei reddi-

---

[24] Cfr., *Misure urgenti per il contenimento dell'epidemia da COVID-19 e per lo svolgimento in sicurezza delle attività economiche e sociali*, in «Gazzetta Ufficiale», Serie generale, n. 2828, del 26 novembre 2021.

[25] G. Cracco, *Contro il Green Pass. La posta in gioco: disciplina e sorveglianza*, in «PaginaUno», del 26 ottobre 2021.

[26] C. Ponti, *Troppi problemi privacy per il green pass al lavoro: ecco le modifiche urgenti*, in «Agenda Digitale», del 17 dicembre 2021.

[27] F. Cascini, *Green pass per la mobilità internazionale: tutti i problemi da risolvere*, in «Agenda Digitale», del 15 dicembre 2021.

ti, fedina penale... qualsiasi cosa). Non solo. La struttura a blockchain permette una raccolta dei dati (potenzialmente infinita) che non è aggregata: la blockchain individualizza i dati, legandoli all'identità digitale creata, e come tali li conserva. Il Green Pass quindi sta attuando una schedatura di massa. Nella migliore delle ipotesi sta testando la funzionalità dell'infrastruttura – che potrebbe essere la base del futuro euro digitale – nella peggiore sta già creando le identità digitali dei cittadini e implementando il database di una piattaforma che potrà essere utilizzata per gli usi più diversi»[28].

Il che ha fatto, non a caso, sorgere più di un allarmismo in relazione all'abolizione dell'articolo 2 *quinquiesdecies* del Codice della Privacy abrogato dal Decreto Capienze[29], quello che aveva previsto un allentamento delle restrizioni per la frequentazione di cinema, teatri e discoteche ma contenente, al suo interno, «un po' come i classici cavoli a merenda, un articolo che c'entra poco con le capienze e invece potrebbe avere impatti tutt'altro che trascurabili in tema protezione dei dati e privacy [...] l'articolo 9 del decreto legge 8 ottobre 2021 n. 139»[30].

Un testo che, di fatto, ha rafforzato il potere dell'esecutivo riducendo proprio quello del Garante che «non potrà più intervenire in via preventiva su trattamenti a rischio da parte della PA, la quale d'altro canto avrà sempre la possi-

---

[28] G. Cracco, *Contro il Green Pass. La posta in gioco: disciplina e sorveglianza*, cit.

[29] Il decreto-legge n. 139 dell'8 ottobre 2021, c.d. Decreto capienze, è stato convertito nella legge n. 205 del 3 dicembre 2021, dopo il definitivo via libera della Camera dei Deputati fornito il 1° dicembre. I voti favorevoli sono stati 303, mentre i contrari 28 e un solo deputato astenuto, sulle implicazioni in materia di privacy del testo si rimanda a cfr., G. Borghi, *Conversione Decreto capienze in G.U. luci e ombre in ambito privacy*, in «Quotidiano Giuridico», del 9 dicembre 2021.

[30] L. Di Giacomo, *Decreto capienze e privacy: i nuovi scenari*, in «Diritto. it», del 9 dicembre 2021.

bilità di trattare i dati per fini di interesse pubblico senza bisogno di una norma primaria – indicati dalla stessa amministrazione in caso non siano già previsti dalla legge»[31].

Come anticipato dall'allerta privacy lanciato dalle colonne di alcuni quotidiani, le "semplificazioni" – così definite da Palazzo Chigi[32] – hanno rimosso «i vincoli alla raccolta e ai trattamenti dei dati, inclusi quelli più rischiosi per la riservatezza degli italiani, che oggi le amministrazioni dello Stato sono tenute a rispettare. Da adesso, in nome del «pubblico interesse», esse potranno fare teoricamente di tutto. Incluso il riconoscimento facciale a tappeto, qualora lo ritenessero necessario»[33].

E così, la blockchain nata per creare uno strumento di pagamento alternativo «per una rete di realtà cooperative e anticapitaliste, che non siano comunità di esodo nelle quali rifugiarsi ma la base per un progetto politico, dal basso»[34] è divenuta il mezzo sul quale far leva per risolvere l'annoso problema della pubblica amministrazione: l'unificazione dei database – prima separati – in una piattaforma «nella quale poter trasferire, e poi via via aggiornare, tutti i dati dei cittadini (catasto, motorizzazione, Agenzia Entrate, fascicolo sanitario, dati giudiziari... per non parlare delle informazioni in mano alle diverse società partecipate dallo Stato), collegandoli alle loro identità digitali; il Gateway europeo permetterà l'interoperabilità tra le reti nazionali;

---

[31] A. Longo, N. Pisanu, *Decreto Capienze, la privacy sottomessa al pubblico interesse: cosa cambia e cosa si rischia*, in «Cyber Security 360», dell'8 ottobre 2021.

[32] Cfr. il comunicato stampa n. 40 del Consiglio dei Ministri *Decreto Capienze. Disposizioni urgenti per l'accesso alle attività culturali, sportive e ricreative, nonché per l'organizzazione di pubbliche amministrazioni e in materia di protezione dei dati personali (decreto-legge)*, del 7 ottobre 2021.

[33] F. Carioti, *Green Pass, finiremo tutti schedati? Ecco il decreto che cancella un bel po' di privacy*, in «Libero Quotidiano», del 9 ottobre 2021.

[34] G. Cracco, *Bitcoin, tra tecnologia e politica*, in «PaginaUno», del 19 febbraio 2018.

la blockchain consentirà l'emissione di Pass 'condizionati'»[35]. Che siano questi i benefici ai quali faceva riferimento Draghi nella risposta fornita nel 2018 al giovane studente?

Come noto, nel novembre 2021 un articolo di Hannah Roberts ha sdoganato il termine coniato da Gandolfo Dominici, il primo a ribattezzare l'Italia come Draghistan[36]. Da allora, soprattutto su Twitter, siamo passati dall'#AskDraghi al #Draghistan: chissà cosa chiederebbe al Premier, oggi, "Italo".

---

[35] G. Cracco, *Contro il Green Pass. La posta in gioco: disciplina e sorveglianza*, cit.

[36] H. Roberts, *Welcome to Draghistan*, in «Politico», del 22 novembre 2021.

Chipageddon: tra strani monopoli Tech e Piano Intel

La prima manovra *green* di quello «sfasciume pendulo sul mare»[1], per dirla con Giustino Fortunato, che è diventata l'intera nostra Penisola – la frase del noto meridionalista era riferita alla sola Calabria, ma oggi calza all'intero stivale – è ormai approdata alla Camera dopo aver ottenuto il via libera in Commissione Bilancio[2]. «Spezzeremo le reni» all'economia lineare ed alle obsolescenze impattanti l'ambiente con: il rifinanziamento dei bonus energetici per l'edilizia (e di quelli che hanno sancito una nuova "mattanza" di lavoratori: più di mille i morti nel 2021[3], cari condomini...); nuove norme *nientepopodimeno* che per la lotta agli incendi; perseguiremo concretamente un «grande balzo in avanti»[4] con il riassetto dei corsi d'acqua. Il tutto non tanto nel nome del Padre, quanto nel nome del contrasto al presunto[5] cambiamento climatico. *Evviva l'alluminio*, direbbe Petrolini[6].

C'è molto da recuperare, in effetti, considerando che di

---

[1] G. Fortunato, *La questione meridionale e la riforma tributaria (1904)*, in Id., *Il Mezzogiorno e lo Stato italiano*, Firenze, Vallecchi, 1973, p. 539 e ss.

[2] AA.VV., *La manovra "green" in aula alla Camera, via libera della commissione Bilancio*, in «RaiNews», del 28 dicembre 2021.

[3] M. Patucchi, *I morti sul lavoro nel 2021 oltre quota mille. Ecco i volti della strage*, in «Repubblica», del 30 novembre 2021.

[4] G. Aliberti, F. Malgeri, *Due Secoli al Duemila*, cit., p. 650.

[5] A.C.F. Alka, *Climate change? Chiamatelo col suo nome: dissesto idrogeologico! Ecco il territorio tedesco*, cit.

[6] E. Petrolini, *Macchiette*, Roma, Newton Compton, 1993, p. 7.

tutte le invasioni subite dalla Penisola nel corso dei secoli la più devastante, scrisse Ennio Flaiano, è stata proprio quella degli italiani[7]. Che oggi, però, hanno un'opportunità di riscatto: mutati antropologicamente grazie alle dosi anti-Covid-19 e ormai abituati fin da piccoli a marciare compatti sostituendo al libro e al moschetto, l'e-book e la mascherina – a patto che sia, come chiesto dai presidi, "FFP2" laddove il metro di distanza non possa essere rispettato[8] – potranno distinguersi, in controtendenza, nell'approvvigionamento di microchip in barba alla crisi mondiale.

Come noto, infatti, il mercato internazionale dei chip ha subito gli effetti della pandemia e la sua successiva dimensione endemica facendo registrare una sensibile flessione nella produzione di semiconduttori. Ciò ha ritardato l'uscita di alcuni prodotti Tech – ma non solo, come evidenzia anche il caso del settore automobilistico[9] – e, al contempo, ha condizionato la reperibilità di altri nonché, di conseguenza, l'andamento dei prezzi al dettaglio di questi componenti.

Si è parlato di *chipageddon* declinando l'hashtag *#chickageddon* che rimanda ad una apocalittica visione distopica di un mondo in cui tutti i 22 miliardi di polli della Terra venissero eliminati da un flagello come l'influenza aviaria ipotizzata nel 2015 in un articolo apparso su NewScientist[10]. Ma più che un mondo senza polli, il rischio che pare molto più probabile e temuto è quello di un mondo senza chip: dalla primavera 2020, infatti, un numero crescente di

---

[7] Cit., in I. Batavo, *L'Italia di sempre. Che cosa si dice dell'Italia*, vol. I, Den Haag, Lulu, 2019, p. 37.

[8] Cfr., la lettera di Daniela Malini al Ministro Patrizio Bianchi, in AA.VV., *Uso obbligatorio della mascherina Ffp2 dove il metro di distanza non può essere rispettato. Lettera*, in «Orizzonte Scuola», del 28 dicembre 2021.

[9] C. Isidore, *Ford shuts down a plant because it can't find enough computer chips*, in «CNN Business», del 12 gennaio 2021.

[10] A, Lawler, *Clucking hell: The nightmare world without chickens*, in «NewScientist», del 18 marzo 2015.

produttori in tutto il mondo ha avuto non poche difficoltà a garantire le forniture di semiconduttori, ritardando sia la produzione sia la consegna delle merci e minacciando di aumentare i prezzi pagati dai consumatori. D'altra parte, come evidenziano i dati ufficiali condivisi da Goldman Sachs, «169 US industries embed semiconductors in their products. The bank is forecasting a 20% average shortfall of computer chips among affected industries, with some of the components used to make chips in short supply until at least this fall and possibly into 2022»[11].

Samsung, Apple, Siemens hanno lamentato diversi problemi nel reperimento dei chip fondamentali per la produzione ed il funzionamento dei loro *device* – nei primi due casi – e degli elettrodomestici nel caso di Siemens: i *chip* a semiconduttore, infatti, sono una parte indispensabile di tutto, dagli *smartphone* alle auto, dalle *playstation* alle lavatrici.

Il Covid-19 è stato uno dei principali motivi di questo rallentamento della produzione e la stessa TSMC – l'azienda con sede a Taiwan più importante al mondo in questo delicato settore – ha pagato un prezzo alto in termini di produttività: nel 2020 negli stabilimenti sono stati adottati protocolli specifici tra i quali la suddivisione del lavoro in *team* separati per ridurre al minimo il rischio che intere fabbriche venissero infettate[12].

Un problema, quello del Covid-19 a Taiwan, che non è cessato nemmeno nel 2021: tra aprile e maggio, ad esempio, il numero dei casi di contagio ha ripreso un *trend* in ascesa superando quello della prima ondata[13]. Non solo la

---

[11] H. Ziady, *The global chip shortage is going from bad to worse. Here's why you should care*, in «CNN Business», del 4 maggio 2021.

[12] B. Blanchard, *Taiwan's TSMC to work in separate teams to minimise COVID-19 risk*, in «Reuters», del 17 maggio 2021.

[13] S. Moss, *TSMC takes Covid-19 measures as pandemic grows in Taiwan*, in «Data Center Dynamics», del 18 maggio 2021.

TSMC ha avuto questi problemi: almeno altri cinque produttori di semiconduttori a Sud-Ovest della capitale Taipei sono stati costretti a sospendere alcune operazioni poiché i lavoratori migranti si ammalavano più degli altri.

Ma di tutto ciò, nel Draghistan, sappiamo come prendere le misure: dal mese di ottobre, infatti, Intel e il governo stanno intensificando i colloqui su investimenti che dovrebbero ammontare a circa 8 miliardi di euro (9 miliardi di dollari) per costruire un impianto di confezionamento di semiconduttori avanzato che *ci* garantirebbe, come rivelato dalla Reuters «più di 1.000 posti di lavoro [...] tra l'area Mirafiori di Torino, sede italiana della casa automobilistica Stellantis (STLA.MI) e Catania in Sicilia, dove già opera il produttore di chip italo-francese STMicroelectronics (STM.BN)»[14].

La fabbrica italiana sarebbe un impianto di "imballaggio avanzato" – ossia di "sigillatura", o *packaging* – che utilizzerebbe nuove tecnologie per tessere interi *chip* prodotti da Intel e altri: si tratta di un affare piuttosto rilevante in quanto «circa il 10% degli 80 miliardi di euro che l'azienda statunitense intende spendere nel prossimo decennio in Europa lo farà nell'implementazione di capacità produttive all'avanguardia per evitare future carenze di chip semiconduttori»[15]. Il resto, Intel lo farà in Asia, precisamente in Malesia dove investirà più di 7 miliardi di dollari per costruire una nuova fabbrica di confezionamento e collaudo di *chip*[16].

La partita la sta giocando direttamente l'autocandidatosi nonno nazionale del Draghistan: a fine giugno 2021 aveva

---

[14] G. Piovaccari e G. Fonte, *EXCLUSIVE Italy woos Intel over multibillion-euro chip plant -sources*, in «Reuters», del 22 ottobre 2021.

[15] G. Piovaccari e G. Fonte, *EXCLUSIVE Italy, Intel intensify talks over $9 billion chip factory, sources say*, in «Reuters», del 23 dicembre 2021.

[16] L. Lee, *Intel to invest $7 bln in new plant in Malaysia, creating 9,000 jobs*, in «Reuters», del 16 dicembre 2021.

già ricevuto il CEO di Intel Pat Gelsinger al quale aveva illustrato il dossier sui siti citati (Milano e Catania, *in primis*, ma non solo essendo in partita anche alcune zone del Veneto e della Puglia) cercando di andare incontro alle certo non semplici richieste degli americani: «due aree di grandi dimensioni, una da oltre 3 milioni di metri quadri per realizzare un Centro ricerche (Front end) e un polo produttivo, l'altra di circa 350mila metri quadri»[17].

I colloqui erano e rimangono strettamente riservati e ciò conferma l'estrema rilevanza geopolitica della partita che Intel sta giocando nello scenario post-pandemico. Ma, al contempo, lo stesso vale per Super Mario: un nonno molto più tecnologico di quanto non voglia far credere e, soprattutto, stranamente interessato, dopo la saldatura compiuta tra Green Pass e blockchain, anche al mondo dei microchip.

Che anche stavolta la proprietà transitiva sia destinata a confermarsi lo sapremo presto. Nel frattempo, la startup Epicenter – con sede in Svezia dove «la moda del "chipparsi", una moda puramente antropopoietica, ha preso piede [...] già a partire dal 2014»[18] – ha ultimato la realizzazione di un impianto sottocutaneo capace di custodire i dati della certificazione verde europea. A voi le conclusioni.

---

[17] F. Bechis, *Microchip, Italia in partita. Arriva l'impianto Intel?*, in «Formiche», del 24 dicembre 2021.

[18] W. Ferri, *Il microchip anti-Covid sperimentato in Svezia è una mossa commerciale*, in «L'Indipendente», del 21 dicembre 2021.

Tra Metaverso e Draghistan: il backstage dell'incontro tra Zuckerberg e Draghi

Mentre l'infodemia pandemica è diventata guerrodemia geopolitica[1] quest'ultima consolidando gli effetti negativi della prima nell'opinione pubblica mondiale – ridotta ormai ad un grande stadio virtuale nel quale analfabeti funzionali si scannano sugli spalti assumendo posizioni preconfezionate in ortodossia alle latenti, ma coinvolgenti bolle epistemiche[2] e echo cambers[3] – il 5 maggio 2022 alle 10 è avvenuto l'incontro il fondatore di Facebook e CEO di Meta Mark Zuckerberg e il Premier Mario Draghi che lo ha omaggiato con «una confezione di vini selezionati da Franco Ricci e Bibenda, contenente anche un Brunello di Montalcino Riserva 2013 di Biondi Santi»[4].

«Per far un amico basta un bicchier di vino, per conservarlo è poca una botte» si diceva una volta. Meeting alquanto particolare, quello tra i leader del Metaverso e del Draghistan. Almeno dal punto di vista simbolico: da una parte, il leader di Facebook, Instagram e Whatsapp,

---

[1] R. Bonuglia, *Dall'infodemia alla guerrodemia*, in «Corriere delle Regioni», del 2 maggio 2022.

[2] A.C.F. Alka, *La Bolla Epistemica e la Narrativa Imperante*, in «Ora Zero», del 15 aprile 2022.

[3] F. D'Auria, *Echo chambers. Gli algoritmi dei social influenzano la nostra esperienza online*, in «Ilbolive», del 16 marzo 2021.

[4] AA.VV., *Draghi regala il Brunello di Montalcino a Zuckerberg*, in «Montalcino News», del 5 maggio 2022.

dall'altra, l'unico leader "politico" estraneo al mondo virtuale.

Draghi, infatti, nel web non è seguito e non segue nessuno semplicemente perché non ha nemmeno un profilo sulle piattaforme di Zuckerberg. Pare che in molti l'abbiano scordato ma «lo sapevamo fin da quando, all'inizio di febbraio del 2021, si faceva il suo nome per il governo che sostituiva quello guidato da Giuseppe Conte: a Draghi i social network non interessano. [...] Non ha alle sue spalle una "Bestia" che gli dica di cosa conviene parlare quel giorno, non apre profili su TikTok, non annuncia i decreti in una diretta su Facebook. [...] Insomma, nel grande pascolo di una comunicazione politica attentissima alle dinamiche del web, Draghi è una pecora nera»[5].

Interlocutore ben diverso, quindi, rispetto al "social media men" Matteo Renzi che aveva "accordato", a fine agosto 2016, proprio a Zuckerberg – oltre ad un'antica copia del *De Amicitia* di Cicerone – la prima visita ufficiale con un Presidente del Consiglio italiano[6].

Scelta di sobrietà o segnale di snobismo quello del culto dell'assenza dai social di Draghi? Se lo chiedeva qualche tempo fa Riccardo Luna[7] suggerendo un quesito da prendere in prestito all'Intelligenza Artificiale nella quale «c'è sempre una domanda che fa capire come alcune domande non abbiano senso, ad esempio *La gallina ha le labbra*? Una domanda provocatoria e senza logica che ci aiuta a riflettere sul fatto che proiettiamo schemi su soggetti o entità che a questi schemi sfuggono per ragioni strutturali»[8].

---

[5] V. Stefanello, *Dopo un anno di governo, ha senso per Mario Draghi stare ancora lontano dai social network?*, in «Wired», del 16 febbraio 2022.

[6] T. Barchielli, *Renzi si fa immortalare dal fotografo di Palazzo Chigi con Zuckerberg e signora*, in «Formiche», del 29 agosto 2016.

[7] R. Luna, *Il social media manager di Mario Draghi*, in «Repubblica», del 9 aprile 2021.

[8] A. Barchiesi, in S. Zolotti, *Mario Draghi non ha i social. La politica è nuda?*, in «Senza Filtro», del 4 febbraio 2021.

Al di fuori degli schemi, quindi, giova sfuggire dal paradosso che l'assente giustificato dai social Draghi sia da ritenersi un "nonno prestato alla politica" disinteressato alle applicazioni che le più avanzate tecnologie abbiano e potranno avere in prospettiva: lo conferma la vicenda del Piano Intel, che ha rivelato un Draghi molto più tecnologico (o tecnocratico?) di quanto non voglia far credere e, soprattutto, stranamente interessato, dopo la saldatura compiuta tra Green Pass e blockchain[9], anche al mondo dei microchip[10].

Lo confermano le parole rilasciate a margine dell'incontro da Zuckerberg il quale ha sbandierato ai quattro venti «la collaborazione con il governo italiano al fine di rafforzare i punti di forza del Paese nel settori tecnologici e di design e per identificare futuri investimenti»[11].

Viene da chiedersi, allora, quali siano realmente le opportunità culturali, sociali ed economiche che il Metaverso porterà in Italia anche perché, a netto dell'agenzia stampa citata, l'ufficio di Draghi non ha rilasciato una dichiarazione sul meeting, anche se un funzionario ha confermato che l'incontro ha avuto luogo[12] e che, aggiungiamo noi, è durato quasi un'oretta alla presenza (anche) del Ministro per l'Innovazione Tecnologica Vittorio Colao, vero artefice dell'appuntamento.

Le indiscrezioni si muovono su due piani. Il primo, quello di facciata, fa leva sul fatto che anche l'Italia voglia investire nel Metaverso per promuovere la sua immagine di

---

[9] R. Bonuglia, *Cronache dal Draghistan: tra Green Pass, blockchain e deriva della privacy*, in «Corriere delle Regioni», del 21 dicembre 2021.

[10] R. Bonuglia, *Ultime dal Draghistan: dal Green Pass al microchip*, in «Corriere delle Regioni», del 28 dicembre 2021.

[11] Cfr., l'agenzia stampa Xinhua, *Zuckerberg discusses "collaboration" with Italian PM*, in «English News», del 6 maggio 2022.

[12] AA.VV., *Facebook founder Zuckerberg discusses 'collaboration' with Italy PM Draghi*, in «Business Standard», del 6 maggio 2022.

Paese all'avanguardia accreditandosi così nella trattativa con la Intel. L'obiettivo, quindi, sarebbe quello di veicolare l'immagine di un Premier al lavoro con Zuckerberg per consentire a tutti, ad esempio, «di poter vedere la Galleria degli Uffizi a Firenze con i suoi capolavori completamente in realtà digitale, pagare un biglietto, entrare nelle sale del museo fiorentino dal soggiorno, senza muovere un dito»[13].

L'altro piano, *leggermente più inquietante* è quello del progetto che sottende e completa il Metaverso pensato da Zuckemberg: l'EMG.

Si tratta dell'acrononimo dell'elettromiografia: un esame che permette di valutare la funzionalità di nervi e muscoli, utile nella diagnosi e valutazione di diverse patologie neuromuscolari e di compressione di nervi periferici. A differenza dell'elettroneurografia – «test non invasivo, eseguito dal medico o dal tecnico di neurofisiopatologia, nel quale, una volta posizionati degli elettrodi di registrazione sulla cute della persona, si somministrano stimolazioni elettriche lungo il percorso dei nervi che evocano risposte grazie alle quali si studia, ad esempio, la velocità di conduzione delle fibre nervose motorie e sensitive»[14] – l'elettromiografia viene, invece, eseguita in modo invasivo ed esclusivamente dal medico che, utilizzando elettrodi ad ago monouso, valuta l'attività elettrica generata nel muscolo, sia a riposo sia durante la contrazione muscolare.

Giova ora ricordare che l'incontro tra Zuckerberg e Draghi sia stato solo uno del tour compiuto dal primo nella Penisola incontrando Lorenzo Bertelli (Prada), Diego Della Valle (Tod's), Renzo Rosso (OTB - Diesel), Brunello Cucinelli, Remo Ruffini (Moncler), Marco Gobetti (Ferragamo),

---

[13] AA.VV., *Draghi meets Zuckerberg: This is how Italian excellence can be strengthened in the metaverse*, in «The News Dept», del 5 maggio 2022.

[14] Gruppo San Donato, *Elettromiografia, che cosa valuta e quando si fa*, del 22 settembre 2021.

Federico Marchetti (Yoox) e Geoffroy Lefebvre (Yoox Net-A-Porter Group)[15].

Non da ultimo, è fondante l'incontro con Leonardo Del Vecchio di Luxottica: anch'esso ufficialmente spacciato come epicentrato sulla realizzazione di una nuova generazione di occhiali intelligenti ma, durante il quale, si è parlato nel backstage essenzialmente di un altro progetto, quello di un braccialetto con interfaccia neurale che, proprio grazie all'EMG, consentirà di controllare occhiali e altri dispositivi.

Grazie alla simbiosi tra l'elettromiografia e il braccialetto elettronico (quello provato dallo stesso Del Vecchio nella foto postata sui social da Zuckerberg) il Metaverso consentirà di registrare l'attività elettrica dei muscoli che verrà «sfruttata tramite appositi sensori integrati in una sorta di braccialetto per rilevare gli impulsi trasmessi dal midollo spinale per tradurli in comandi digitali. Tradotto: il movimento del polso e delle dita viene sfruttato come input per gli occhiali (o altri indossabili) così da interagire con l'ambiente virtuale in modo naturale e molto comodo. Il grande vantaggio di questa soluzione sta nella sua elevata sensibilità: vengono percepiti movimenti anche millimetrici, se non addirittura anche soltanto l'intenzione di movimento»[16].

Quindi, in estrema sintesi, i social network che già conoscono - e sempre più bene - il nostro orientamento politico, religioso e sessuale calcolandoli con i "Mi piace" tanto da essere in grado di giudicare «la nostra personalità meglio dei nostri amici e della nostra famiglia»[17] a breve

---

[15] AA.VV., *Mark Zuckerberg ricevuto a Palazzo Chigi*, in «ANSA», del 5 maggio 2022.

[16] P. Deragni, *Mark Zuckerberg e Mario Draghi hanno parlato di metaverso*, in «Wired», del 5 maggio 2022.

[17] S. McCarthy-Jones, *Are Social Networking Sites Controlling Your Mind?*, in «Scientific American», dell'8 dicembre 2017.

potranno persino conoscere le nostre intenzioni di movimento, oltre che di pensiero.

Benvenuti nel Metaverso, nel Draghistan e, di fatto, nel futuro prossimo distopico. Nei quali forse le galline continueranno a non avere le labbra, ma le persone rischiano di trovarsi affibbiate un braccialetto elettronico che rischia di far rimpiangere il Green Pass.

Dall'infodemia alla guerrodemia. Riflessioni sull'uso strumentale dei conflitti nei media

Nel mondo contemporaneo siamo circondati e bombardati da un'incessante attività comunicativa, un business miliardario che punta a colpire uno specifico target – ossia ciò che nel linguaggio commerciale identifica la fascia dei potenziali acquirenti di un prodotto o dei fruitori del messaggio pubblicitario – per promuovere con sistemi di vendita consolidati beni, servizi e prodotti.

Il virus Covid-19 è stato, sin dalla sua scoperta, un grande tema sul quale la comunicazione si è immediatamente concentrata: il fenomeno pandemico è nato come notizia, è stato strumentalizzato dai media, condiviso sui social network e discusso – anche animatamente – da personaggi illustri, medici, virologi, *influencer* e persone comuni, nei *talk show* televisivi quanto in streaming.

Dalla primavera 2020 all'estate 2021 sembrava non esserci più spazio per altri argomenti in tutte le piattaforme di comunicazione e nel mainstreaming il primo break in tal senso fu rappresentato, dal ritorno dei Talebani in Afghanistan[1] che, però, dopo poco, ha lasciato di nuovo spazio alla narrazione pandemica.

Si è parlato non a caso di *infodemia*: un neologismo co-

---

[1] R. Bonuglia, *Cristiani e il ritorno dei talebani in Afghanistan*, in «Corriere delle Regioni», del 13 agosto 2021.

niato nel 2015[2] e diffusosi proprio a margine della pandemia da Covid. Per esso si intende una «circolazione di una quantità eccessiva di informazioni, talvolta non vagliate con accuratezza, che rendono difficile orientarsi su un determinato argomento per la difficoltà di individuare fonti affidabili»[3].

Con il virus, in effetti, siamo stati travolti da un'esplosione di notizie ed informazioni di ogni tipo: il sensazionalismo, le chiacchere da *talk show*, *fake news* e teorie del complotto, campagne informative per la prevenzione, comunicazioni istituzionali e la comunicazione di ricerche scientifiche. Tutto ciò, nel bene e nel male, ha guadagnato sempre più spazio nei palinsesti italiani, con relative opinioni contrastanti.

Sul merito sono stati diversi gli analisti della comunicazione e dell'informazione che si sono misurati: utilizzando un'incredibile varietà di forme di comunicazione, tra cui giornalismo, social media, streaming e comunicazione politica ed istituzionale, si è indubbiamente scatenata una corsa all'ultima notizia, all'ipotesi più recente o alla nuova teoria, ovviamente anche a discapito della verifica o della conferma da parte di pari o da fonti affidabili.

La stessa Organizzazione Mondiale della Sanità (OMS) ha descritto l'infodemia come «il maggiore pericolo della società globale nell'era dei social media: la deformazione della realtà nel rimbombo degli echi e dei commenti della comunità globale su fatti reali o spesso inventati»[4], e nel sito ufficiale dell'OMS si legge: «The 2019-nCoV outbreak and response has been accompanied by a massive 'infodemic' – an over- abundance of information – some accurate and some not – that makes it hard for people to find

---

[2] G. Manfredi, *Infodemia. I meccanismi complessi della comunicazione delle emergenze*, Rimini, Guaraldi, 2015.

[3] Cfr., la voce *Infodemia*, in AA.VV., *Neologismi*, Roma, Treccani, 2020.

[4] L. Becchetti, *Opinioni*, in «Avvenire», del 5 febbraio 2020.

trustworthy sources and reliable guidance when they need it»[5].

L'infodemia, quindi, non solo è una parola pericolosa, ma una tendenza in atto che nasconde una pluralità di insidie: essa può diffondere disinformazione e creare disagi. Anche per questo l'OMS ha deciso di prendere l'argomento in modo serio, dedicando un'intera sezione del proprio sito web al contrasto della disinformazione, considerata essa stessa «una sindrome che condiziona pesantemente la nostra mente, la nostra attenzione, la nostra capacità di comprensione, di elaborare le informazioni che riceviamo e di ricostituirle. Ed è qualcosa che - nella civiltà dell'informazione - popola il nostro ecosistema in modo ormai strutturale»[6].

Nel dicembre 2021 anche l'Accademia della Crusca è intervenuta sul neologismo definendo l'infodemia come l'«abnorme flusso di informazioni di qualità variabile su un argomento, prodotte e messe in circolazione con estrema rapidità e capillarità attraverso i media tradizionali e digitali, tale da generare disinformazione, con conseguente distorsione della realtà ed effetti potenzialmente pericolosi sul piano delle reazioni e dei comportamenti sociali»[7].

Dalla pandemia del virus all'epidemia di informazioni, insomma. E il risultato non cambia visto che gli effetti negativi - di entrambe - sono «disinformazione, disorien-

---

[5] Trad. Ita.: «l'epidemia di coronavirus è stata accompagnata da una massiva 'infodemia', una sovrabbondanza di informazioni - alcune accurate, altre meno - che rende difficile per le persone trovare delle fonti credibili ed affidabili quando ne hanno bisogno», cfr., World Health Organization, *Coronavirus disease (Covid-19) pandemic*, ora in https://www.who.int/emergencies/diseases/novel-coronavirus-2019.

[6] M. Lo Conte, *Coronavirus, per l'Oms ora è allarme «infodemia». E i social si scatenano*, in «IlSole24Ore» del 2 febbraio 2020.

[7] Accademia della Crusca, *Infodemia*, in https://accademiadellacrusca.it/it/parole-nuove/infodemia/19506.

tamento, ma anche panico e comportamenti antisociali o irresponsabili che aggravano la situazione di partenza»[8].

L'infodemia, *de facto*, ha disabituato gli utenti finali – cioè, potenzialmente, ognuno di noi – a orientarsi nel mare di *input* informativi che gli *smartphone*, insieme alle TV, ci versano addosso continuamente in barba a qualsiasi diritto alla disconnessione: in ogni momento del giorno e della notte, in effetti, possiamo assumere la nostra dose di ansia guardando lo schermo del nostro *device* preferito e continuare a convincerci di una data posizione assunta pregiudizialmente e, molto spesso, in modo acritico. Agendo così sulla costruzione di "sensi comuni" acritici pronti a dividersi frontalmente su ogni tema come sugli spalti di uno stadio.

D'altra parte è noto che «in questi ultimi anni i media e la scienza sono asserviti a interessi socio-politico-economici. Solo in pochi si rendono conto che ormai da anni non esiste il dibattito, ovunque gli opinionisti urlano istericamente, inveiscono, spesso non argomentano e non permettono a chi ha idee diverse di poter parlare con calma. Non c'è possibilità di approfondimento vero»[9].

Lo conferma il cambio di narrazione imposto da un altro conflitto che, a differenza del ritorno dei Talebani – di cui nessuno parla più come se fosse cessato di essere il cuore del traffico mondiale dell'oppio[10] o uno dei Paesi con i più alti tassi di persecuzione anticristiana[11] – ha monopolizzato l'opinione pubblica mondiale scalzando la pandemia dal primato internazionale tenuto fino al 24 febbraio 2022 nel mainstreaming: il conflitto russo-ucraino.

---

[8] *Ibidem.*

[9] A.C.F. Alka, *La Bolla Epistemica e la Narrativa Imperante*, cit.

[10] D. Gandini, *L'Afghanistan resta il cuore del traffico mondiale dell'oppio*, in «Euronews», del 28 dicembre 2021.

[11] R. Bonuglia, *La persecuzione che non fa notizia: quella dei cristiani*, in «Corriere delle Regioni», del 31 luglio 2021.

Siamo passati dall'infodemia alla guerrodemia: improvvisamente, a netto dell'*escalation* delle operazioni belliche in Ucraina, una situazione geopolitica critica almeno dal 2014 è diventata all'improvviso un tema calamitante l'attenzione mondiale tanto da spingere Alain Franchon a sostenere che «la guerra in Ucraina, unita alla pandemia di Covid-19, potrebbe benissimo segnare la fine di un ciclo nella storia economica: l'età d'oro dell'internazionalizzazione del commercio»[12].

Bisogna a questo punto sottolineare, infatti, che il ginepraio ucraino possa ritenersi di recente scoperta, ma non di altrettanta genesi: lo conferma il fatto che «la "gloriosa notte del 22-23 febbraio [...] che ha visto la deposizione e la fuga del "satrapo" Viktor Janukovyč e il ritorno al potere della discussa "Giovanna d'Arco ucraina" Julija Tymošenko, è stata provocata da forti pressioni provenienti dai gabinetti di Berlino, Parigi e Varsavia»[13]. Il lettore più attento avrà colto che si stia parlando non del febbraio 2022, ma di quello del 2014.

Quali le conseguenze della guerrodemia? Quelle certamente di continuare ad alimentare le paure e le ansie delle persone ormai trasformate in eterni consumatori everywhere (il concetto in base al quale «ogni contesto, luogo o momento può rappresentare un'occasione di contaminazione per l'acquisto»[14]) come hanno confermato le immotivate corse all'acquisto di beni alimentari – *in primis* il famigerato olio di girasole[15] – mentre la crisi russo-ucrai-

---

[12] A. Frachon, *The war in Ukraine, coupled with the Covid-19 pandemic, may mark the end of the golden age of globalization*, in «Le Monde», del 22 aprile 2022.

[13] E. Di Rienzo, *Il conflitto russo-ucraino. Geopolitica del nuovo (dis)ordine mondiale*, Soveria Mannelli, Rubbettino, 2015, p. 18.

[14] EGGERS, *Everywhere Commerce. La nuova frontiera dell'eCommerce*, in «Sistemiamo l'Italia», del 19 agosto 2016.

[15] G. Mombelli, *Olio di girasole, raddoppia il prezzo e viene sostituito con quello di palma*, in «SKY Tg24», del 2 aprile 2022.

na lo comprovano le sanzioni imposte alla Russia, colpisce più che Putin, l'eurozona. Esattamente come aveva fatto, prima, il Covid-19.

Gli è che mentre «i media corporativi statunitensi sono saturi di opinionisti – molti dei quali ex-militari o funzionari della sicurezza nazionale – che vanno in onda per promuovere politiche e azioni da falco in Ucraina»[16] la guerrodemia coincide non a caso con l'aumento «dei titoli della difesa degli Stati Uniti in aziende leader come Raytheon, Northrop Grumman e Lockheed Martin [...] E sulla scia dell'invasione della Russia, il presidente Biden ha firmato in legge un pacchetto di spesa che indirizza un record di 782 miliardi di dollari verso la difesa – quasi 30 miliardi di dollari sopra la sua richiesta iniziale. La legge firmata dal presidente autorizza 6,5 miliardi di dollari in aiuti militari per i paesi dell'Europa orientale, compresi 3,5 miliardi di dollari in nuove armi per l'Ucraina. Questo si aggiunge al miliardo di dollari già speso per armare le forze ucraine con armi come i missili anticarro Javelin prodotti da Raytheon e Lockheed Martin, e i missili terra-aria Stinger di Raytheon»[17].

Pare difficile non concordare con le conclusioni alle quali è pervenuta Alessia C.F. Alka: «Pandemia, cambiamento climatico, movimenti migratori, e guerre varie (presenti e passate): sta a noi cercare di sviluppare una maggior senso critico, senza cadere in fanatismi. Questo vale per tutte le fazioni»[18].

Anche perché, nel frattempo, l'attenzione andrebbe spostata verso ciò di cui si parla poco o nulla: non solo la ripresa azionaria delle warcompanies, ma anche le inquietanti

---

[16] A. Ramaswami, A. Perez, *The Defense Industry's Ukraine Pundits*, in «The Lever», del 12 aprile 2022.

[17] B. Wilkins, *New Reporting Details Corporate Media's War Industry Pundits*, in «Common Dreams», del 12 aprile 2022.

[18] Alessia C.F. Alka, *La Bolla Epistemica e la Narrativa Imperante*, cit.

conseguenze dei lockdown politici che il governo cinese sta imponendo a Shanghai e che, quelli sì, rischiano di porre definitivamente fine all'età d'oro della globalizzazione. E ciò, purtroppo, rischia di essere tutt'altro che una buona notizia. Come sempre, quando c'è di mezzo il comunismo della sorveglianza[19].

---

[19] R. Bonuglia, *Il Lockdown tra fine della privacy e comunismo della sorveglianza*, cit.

La nuova emergenza: il tifo da stadio nel conflitto russo-ucraino tra bolle epistemiche ed echo-chamber

Disclaimer. Attenzione, spoiler: le scorciatoie mentali del lettore acritico e resistente al cambiamento di opinione potrebbero funzionare male una volta attivata la modalità di ragionamento del sistema in virtù del *reframing* proposto in questo articolo.

Le più accreditate chiavi di lettura geopolitica del conflitto russo-ucraino – una su tutte, quella del *The New York Times*[1] – hanno iniziato a tessere le lodi di un'Europa che, grazie alla vicenda, si sia ricompattata liberandosi dell'approccio weimariano che ha, da sempre, contraddistinto la sua politica estera *de facto* inesistente dal punto di vista dell'unitarietà e della coerenza. Ma la realtà fattuale suggerisce un'analisi un *leggermente* diversa.

D'altra parte, un paio d'anni fa, un articolo su *La Stampa* lo ricordava agli 'utili idioti' quanto agli 'smemorati siberiani' per dirla con Andrea Cometti[2]: «la politica estera

---

[1] G. Lopez, *Europe Awakens Russia's invasion of Ukraine has unexpectedly transformed Europe*, in «The New York Times», del 13 marzo 2022; ma anche F. Langfitt, *Russia's invasion of Ukraine transforms Europe's political and military landscape*, in «NPR», del 24 marzo 2022.

[2] A. Cometti, *Una democrazia di utili idioti?*, in «Quaderni Culturali delle Venezie» dell'Accademia Adriatica di Filosofia "Nuova Italia", del 13 settembre 2021. Per l'iconicamente felice definizione di 'smemorato siberiano' di comettiana paternità si consiglia al lettore anche l'omonima – quanto interessante – sezione del sito citato.

dell'Ue non esiste e mai s'è vista. Per i capi di Stato e di governo che ne parlano ai vertici e nei Parlamenti è – a seconda della geografia e delle vocazioni storiche – una vanagloriosa foglia di fico sulla volontà di far da sé («Si parli con una voce sola»); una scusa per guadagnare tempo nei giorni peggiori («Chiediamo una missione comunitaria»); un aiuto per frenare sul processo d'integrazione («L'Ue è un pozzo per soldi dei contribuenti»)»[3].

Possibile, quindi, che oltre a far dimenticare il Covid-19 – come risulta dal ribaltone nel web delle interazioni e delle ricerche sulla pandemia[4], nonché l'abbandono dei tormentoni "vax/no-vax" e "gp/no-gp" nei talk show televisivi – il «baffone 2.0 del Terzo millennio»[5] che in molti incensano abbia avuto anche il taumaturgico merito di dare all'Ue uno straccio di linea coerente in politica estera? Quell'Ue, insomma, che solo qualche mese fa non è stata neppure informata da Biden delle decisioni strategiche degli USA in Afghanistan e ai cui Stati membri «impone di continuare a perseguire linee di politica economica "neo liberiste", mentre [...] gli USA [...] sperimentano linee "neo-keynesiane" per sorreggere l'occupazione»[6]?

Mentre osservatori e analisti si dispongono sulle barricate delle opposte fazioni prendendo una delle due parti manco fossero a *Forum*, la crisi contingente suggerisce altre considerazioni in controtendenza visto che, a quanto pare, oggi come ieri, entro gli italici confini l'intera società civile si ritrova attraversata da divisioni frontali ben

---

[3] M. Zatterin, *Ue, politica estera inesistente*, in «La Stampa», del 6 gennaio 2020.

[4] A. Ferro, *Crisi Russia-Ucraina: così il conflitto fa dimenticare il Covid*, in «Il Giornale», del 24 febbraio 2022.

[5] R. Bonuglia, *Ucraina: "La fiera dei pazzi"*, in «Corriere delle Regioni», del 31 marzo 2022.

[6] L. Mazzella, *L'inesistente ruolo dell'Unione Europea nella politica internazionale e altro ancora (Parte prima)*, in «Rivoluzione Liberale», del 30 agosto 2021.

riconducibili «a contrasti di tipo etico-ideologico, ossia religiosi»[7].

La cosa non sorprende. È un male antico e non solo italiano: la tendenza in base alla quale "alla concezione critica si sostituisce una concezione dogmatica", l'aveva già denunciata un certo Karl Marx quando, il 15 settembre 1850, si «separò da quei comunisti che volevano continuare con le cospirazioni»[8].

Sorprende – pur avendone viste di tutti i colori – che la narrazione di questo conflitto si sia cristallizzata in due spalti fatti da *ultras* che hanno in comune solo un aspetto: l'ortodossia acritica di assumere una posizione preconfezionata e di difenderla a tutti i costi: da una parte i Mughini che intessono le lodi del battaglione Azov – ai suoi occhi fatto «dei "buoni", degli eroi»[9]–, dall'altra i «neofiti della Stella Rossa» imprigionati nel loro «linguaggio binario»[10].

Viene da chiedersi, *in primis*, la ragione di questa faciloneria nel calzare nuove maglie da stadio che ha contagiato – molto più del Covid-19 – da una parte, i protagonisti del *mainstream* e, dall'altra, i fondamentalisti del complottismo. Gente, insomma, che "da sinistra" come "da destra" ha ceduto alla tentazione revisionista di giungere «alla revisione del loro medesimo revisionismo»[11].

L'*humus* è comune. E non si tratta della madre degli stolti sempre incinta: è l'analfabetismo funzionale, per dirla con

---

[7] G. Aliberti, *Diavoli in paradiso... ovvero lettera a Isotta*, in Id., *Il riposo di Clio*, Roma, e-doxa, 2005, p. 218.

[8] H. Denis, *Storia del pensiero economico*, vol. II, *Da Marx a Keynes ai contemporanei*, Milano, Mondadori, 1990, p. 102.

[9] G. Mughini, *Sul "Fatto" ho letto un articolo che deride gli uomini del Battaglione Azov...*, in «Dagospia», del 29 marzo 2022.

[10] La "a dir poco" calzante definizione è in G. Adinolfi, *Cari neofiti della Stella Rossa*, in «Noreporter», del 3 aprile 2022.

[11] G. Aliberti, *I pronipoti di Oriani*, in «Elite&Storia», a. III, n. 2, dell'ottobre 2003, p. 8.

Tullio De Mauro[12] – aggravato dall'*infodemia* da social – a renderli lettori illusoriamente informati, con la condivisione compulsiva, al limite della patologia, di verità ufficiali o di *fake* news. Ignare vittime, inoltre, delle *filter bubbles*[13] (bolle di filtro) che Google e Facebook creano *ad hoc* e che portano gli utenti a perdersi – stavolta volontariamente – in *epistemic bubble* (bolle epistemiche)[14].

Di cosa si tratta? Del fatto che queste piattaforme limitino l'esposizione a notizie e altre informazioni utilizzando algoritmi che danno la priorità ai contenuti che corrispondono al profilo demografico e alla cronologia online dell'ignaro paladino ucraino o del complottista che prima era "no vax" e ora, orgogliosamente, si ricicla come filo-Putin o filo-russo (due concetti, tra l'altro, di cui si è persa la rilevante differenza sostanziale).

I risultati di ricerca di Google e il flusso di notizie di Facebook – entrambi personalizzati – sono due esempi perfetti di questo fenomeno: gli utenti, insomma, ottengono un contatto significativamente minore con punti di vista contraddittori, rendendoli intellettualmente isolati.

Ad esempio Generative Pre-trained Transformer 3 è un nuovo modello linguistico autoregressivo di intelligenza artificiale, che assume come fonte di apprendimento il web: utilizza il deep learning per produrre testo simile a quello umano e lo fa talmente bene che, alla fine, la qualità del testo generato risulta così alta che può essere difficile determinare se quanto si legga sia stato scritto o meno da un essere umano.

Poniamo il caso che tutto ciò sia fatto non assumendo

---

[12] A. Testa, *Tullio De Mauro: se un mattino di primavera un governante...*, in «Nuovo e Utile», del 15 ottobre 2012.

[13] E. Parisier, *The Filter Bubble: What the Internet Is Hiding from You*, Londra, Penguin, 2011.

[14] D. Gurteen, *Filter bubbles, epistemic bubbles and echo chambers. Distort the reality of the world*, in https://conversational-leadership.net/echo-chambers-filter-bubbles/.

nobili principi bensì l'obiettivo di veicolare pregiudizi di ogni sorta in modo da condizionare la costruzione di qualunque pensiero: «fenomeni che si consumano in rete come *echo chamber shit storm, flame, ban che* vanno ad impattare su un'intelligenza artificiale, che diventa lo specchio di uno spazio virtuale spesso malato, che non è immune a discriminazioni e conclusioni errate»[15].

Considerata tale pericolosità non sorprende che Microsoft abbia annunciato il 22 settembre 2020 di aver concesso in licenza l'uso "esclusivo" di GPT-3; altri possono ancora utilizzare l'API pubblica per ricevere l'output, ma solo Microsoft ha accesso al modello sottostante di GPT-3.

Rimane il fatto che visto l'enorme aumento dell'uso delle IA all'interno dei social, ci dobbiamo maggiormente preoccupare che questi algoritmi vedono e intercettano «quando facciamo una ricerca su Google, quando apriamo un social o quando navighiamo dentro un sito. [...] Rischiamo di ritrovarci in una *echo chamber* [...] e potremmo decidere di non visualizzare contenuti che ci danno fastidio (e che in realtà potrebbero essere utili a capire come stanno le cose, in alcuni casi), arrivando così ad un network sociale ovattato e poco realistico»[16].

Il problema, però, è anche un altro: «prendere coscienza del fatto che l'infodemia di notizie ci conduca – senza rendercene conto – a formare opinioni e avere reazioni istintuali che non provengono da noi ma risultino, *de facto*, provocate *ad hoc* dagli algoritmi: accettare acriticamente le *vulgate* o opporsi aprioristicamente ad esse, può far perdere il senso delle cose, quel "buon senso" che Cartesio affermava fosse la qualità meglio distribuita al mondo e che, invece, oggi viene ritirata dal mercato»[17].

---

[15] G.C. Italiano, *L'intelligenza artificale e la trappola dei bias cognitivi*, in «Mark Up», del 4 novembre 2021.

[16] AA.VV., Intelligenza Artificiale: che cos'è davvero, e a cosa serve, in «Trovalost», del 16 giugno 2021.

[17] A.C.F. Alka, R. Bonuglia, *La vera guerra in corso alla faccia dell'infode-*

Quale mercato? Quello che domina ogni aspetto di una realtà nella quale ormai l'economia fattasi ideologia[18] ha obliterato e obnubilato le menti facendo leva sul fatto che «non tutti possiedono la facoltà di discernimento e senso logico, fondamentali per destreggiarsi efficacemente in ogni situazione»[19].

Quanto avviene nell'*echo chamber* è «un processo di accelerazione nella scelta di ciò che interessa all'utente»[20]. Chi cerca di opporsi a tutto questo, per farlo, usa solitamente la logica e il buon senso. Ma i rutilanti eventi odierni portano ad una sovra esposizione di informazioni. E ciò sfida la logica.

L'esempio principale è proprio quello di Google che, nel 2009, introdusse la *personalised search* modificando il sistema di ricerca per mostrare i risultati in base alla cronologia di navigazione web di ogni singolo utente. Così, i negazionisti del riscaldamento globale cercando "riscaldamento globale", trovano *in primis* siti negazionisti, quelli delle foibe gli articoli di Eric Gobetti, i barbari neoconversi all'eurasiatismo quelli di Aleksandr Gel'evič Dughin e via di seguito con altri esempi di miserie umane che ci evitiamo di citare.

Un fenomeno che piega, dunque, il fatto che solo il 5% degli utenti Facebook adulti «dichiara di leggere sul social network opinioni molto diverse dalle proprie»[21]. Quelli che... insomma, consultano Google come fosse l'oracolo di Delfi e hanno sui social il "blocco facile" disconnettendosi

---

mia russo-ucraina (*Parte Seconda*), in «Ora Zero», del 7 maggio 2022.

[18] R. Bonuglia, *A Economia como Ideologia – Raiz de Todos os Males*, in «Nova Resistencia», 11 maggio 2020.

[19] V. Sabater, *Buon senso: è davvero così comune?*, in «La mente è meravigliosa», del 15 novembre 2021.

[20] M. Fantozzi, *Echo-chamber: sui social ognuno vive nella sua camera dell'eco*, in «2duerighe», del 18 settembre 2019.

[21] F. Colonna, *Rompere la bolla dei social si può*, in «La Lettura» (Corriere della Sera), del 30 aprile 2017, p. 9.

dalle persone con opinioni opposte alle loro o che si iscrivono solo a canali di notizie/blog che confermano le loro convinzioni pre-esistenti e pre-giudiziali.

Pare quindi il caso di rivolgerci a quel 5% – se siete arrivati fin qui, probabilmente ne fate più che dignitosamente parte – che non teme l'irritazione del dubbio e si volge con coraggio e fatica nelle dinamiche di affannosa ricerca per «conseguire un nuovo stato di [...] quiete»[22] che solo l'adozione di una credenza "differente" può regalare.

Ma torniamo al conflitto in corso – che affonda le sue radici nell'espansione dell'Ue verso Est e il sostegno di Bruxelles al movimento democratico ucraino originatosi con la "rivoluzione arancione" del 2004[23] – che tanti animi sta accendendo, manco fosse la finale dei mondiali di Calcio.

Della strana telefonata Biden-Zelenskyy che ha preceduto l'inizio dell'invasione russa abbiamo già scritto[24]. Giova ora mettere a fuoco altre due cose che non tornano.

In primis, la questione delle sanzioni alla Russia che ha superato, ormai, l'Iran e la Corea del Nord diventando il Paese più sanzionato al mondo[25]. Alcune delle misure adottate dagli USA e dai suoi alleati europei includono, infatti: il congelamento di quasi la metà delle riserve finanziarie da 640 miliardi di dollari della Banca centrale russa[26]; l'espulsione di molte delle più grandi banche russe dal sistema

---

[22] S. Arfini, *Bolle epistemiche, scienza e credenza*, in AA.VV., *Introduzione alla New Logic. Logica, filosofia, cognizione*, a cura di L. Magnani, Genova, Il Melangolo, 2013, p. 54.

[23] J.J. Mearsheimer, *Why the Ukraine Crisis Is the West's Fault. The Liberal Delusions That Provoked Putin*, in «Foreign Affairs», vol. 93, n. 5, del settembre-ottobre 2014, pp. 77-84; pp. 85-89.

[24] R. Bonuglia, *Ucraina: "La fiera dei pazzi"*, cit.

[25] F. Zandt, *The World's Most-Sanctioned Countries*, in «Statista», del 9 marzo 2022.

[26] AA.VV., *Half of Russia's foreign exchange reserves frozen due to sanctions — Finance Minister*, in «TASS», del 13 marzo 2022.

di pagamento globale SWIFT[27]; l'imposizione di controlli sulle esportazioni volti a limitare l'accesso della Russia a servizi avanzati tecnologie – già in fase di studio un mese prima del conflitto[28] all'epoca della "famosa" telefonata–, chiudendo il loro spazio aereo e porti ad aerei e navi russi istituendo sanzioni personali contro alti funzionari russi e affaristi di alto profilo[29].

Misure senza precedenti, visto che il blocco dei pagamenti tramite Apple Pay e PayPal ha colpito non solo i magnati del rublo, ma anche comuni cittadini russi[30] senza colpa alcuna e, magari, residenti in Europa proprio per essere ostili al regime di Putin che, è utile ricordarlo, di democratico ha ben poco.

Misure che, però, finora non hanno avuto l'effetto sperato ossia quello di colpire il rublo e l'immagine di Putin. Sul primo flop diremo più avanti, sul secondo, basti citare due sondaggi: quello dell'agenzia ВЦИОМ[31] in base al quale risulta che il 74% dei russi sostenga la cosiddetta "operazione militare speciale" rispetto al 17% contrario ad essa e che la quota di russi i quali si fidano di Putin sia aumentata dal 67,2% del 20 febbraio all'80,6% del 20 marzo. E poi c'è il sondaggio del Levada-Center[32] il quale ha rilevato che il 60% dei russi sia convinto che gli Stati Uniti e la NATO

---

[27] AA.VV., *Alcune banche russe fuori da Swift. Congelati asset della Banca centrale*, in «ilSole24Ore», del 26 febbraio 2022.

[28] E. Nakashima, J. Whalen, *Come sanzionare duro Mosca*, in «il Foglio», del 25 gennaio 2022.

[29] U.S. Department of the Treasury, *Treasury Sanctions Kremlin Elites, Leaders, Oligarchs, and Family for Enabling Putin's War Against Ukraine*, dell'11 marzo 2022, ora in https://home.treasury.gov/news/press-releases/jy0650.

[30] B. Simonetta, *Visa e Mastercard bloccate, ora la Russia si aggrappa al circuito di pagamento MIR*, in «Il Sole24Ore», del 1° marzo 2022.

[31] AA.VV., *Специальная военная операция: мониторинг*, in «ВЦИОМ», del 23 marzo 2022.

[32] AA.VV., *Ukraine and Donbass*, in «Levada-Center», del 4 marzo 2022.

siano i principali responsabili delle tensioni intorno all'Ucraina rispetto a solo il 3% che ha incolpato il Cremlino.

Lecito iniziare a chiederci, quindi: le sanzioni occidentali potrebbero, alla fine, causare abbastanza danni economici e fomentare abbastanza malcontento pubblico da costringere Putin a ritirare le truppe dall'Ucraina? «Forse. Ma potrebbero anche avere l'effetto opposto, soprattutto se rimangono indefinitamente»[33].

Sta di fatto, invece, che finora le sanzioni abbiano colpito, in pratica, più che la Russia o Putin, molto più l'Europa visto che la maggior parte degli Stati membri dipende, in buona misura, dal gas proveniente dalla Russia: «come effetto a cascata, il costo dell'energia ha fatto aumentare quello di tutti gli altri beni e servizi. L'inflazione non era così alta da quasi trent'anni»[34].

Un triste *deja vu* di quanto accadde nel 2014 in Italia – al secondo posto tra i partner europei della Russia – quando «con uno scontato "effetto boomerang", l'apparato sanzionista ha colpito duramente alcuni settori chiave della già terremotata economia peninsulare: il comparto agroalimentare, con un danno di duecento milioni di euro, il ramo delle "grandi opere, l'industria della moda e dell'arredamento, quella automobilistica, la cantieristica, il turismo»[35]. D'altra parte, il nostro Paese importa il 43% del gas dalla Russia e lo utilizza per produrre circa il 60% dell'elettricità. Il primo trimestre 2022 è iniziato con un aumento della bolletta del 55%. Un fatto senza precedenti, basta controllare lo storico dei vostri consumi.

Ma se l'Italia piange, l'euro (e quindi l'Ue) non ride. E vediamo il perché.

---

[33] D. Simes Jr., *Reporting from Moscow: Sanctions May Achieve the Opposite of Biden's Stated Long-Term Goals*, in «Glenn Greenwald», del 27 marzo 2022.

[34] A. Liguori, *Ucraina, Russia e Unione europea: chi paga il prezzo delle sanzioni?*, in «Il Giorno», del 23 febbraio 2022.

[35] E. Di Rienzo, *Il conflitto russo-ucraino. Geopolitica del nuovo (dis)ordine mondiale*, Soveria Mannelli, Rubbettino, 2015, p. 79.

Dal 24 febbraio l'euro ha perso terreno rispetto tutte le principali valute degli attori in gioco: il dollaro americano, dopo i minimi storici toccati proprio prima della crisi russo-ucraina del 2014 (0,70), è passato da 0,87 a 0.92; lo yuan cinese dagli stessi minimi (0,12 nel febbraio 2014) è salito dallo 0,14 allo 0,146, livello che non toccava dal 2015; il tasso di conversione della sterlina nella prima settimana di aprile è salito dallo 1,18 al 1,21; il real brasiliano dallo 0,17 si scambia ora per 0,19 e persino il siclo israeliano si è apprezzato sull'euro passando dal 0,273 – del 24 febbraio – all'attuale 0,287.

Ciò significa, come evidenziano i dati monetari di xe.com, che la crisi russo-ucraina abbia colpito, *in primis* l'eurozona. Esattamente come aveva fatto, prima, la crisi sanitaria.

A questo punto viene da chiedersi: come mai Putin abbia condotto l'operazione del 24 febbraio al fine di farla durare il più possibile – impiegando solo 200.000 uomini a fronte degli 850.000 a disposizione – e non attaccando Kiev dalla Bielorussia? Come mai le sanzioni che Biden ha obbligato l'Ue a prendere colpiscono alla fine proprio quest'ultima tra l'altro inevitabilmente esposta nella gestione dei poveri profughi ucraini con ulteriore dispendio di energie? Come mai ci si continua a dividere, – come giustamente sottolineato da Antonio Li Gobbi – sulla base di informazioni che «sono tutte, [...] incomplete e tendenziose, da una parte e dall'altra. Anche quelle rilasciate con una certa abbondanza dall'intelligence USA a supporto dell'Ucraina che vengono comprensibilmente rese disponibili a fini propagandistici, essendo gli USA schierati e non neutrali»[36]? Perché quasi nessuno ricorda che proprio la Russia abbia «compiuto diverse manovre insieme alla Nato di cui è stata fino a poco tempo fa membro associato, tant'è che ancora oggi in alcuni siti ufficiali non aggiornati se ne trova traccia»[37]? Non è che USA e Russia,

---

[36] T. Mackinson, *Russia-Ucraina. Il generale Li Gobbi: "Flop di Putin? Nessuno conosce i suoi piani...*, in «Il Fatto Quotidiano», del 24 marzo 2022.
[37] G. Adinolfi, *Cari neofiti della Stella Rossa*, cit.

alla fine, stiano giocando entrambe con la mano sinistra – quella del diavolo[38] – una partita «per mettere in ginocchio la competitività dell'industria europea e il benessere delle famiglie»[39] come già l'emergenza sanitaria aveva contribuito in modo rilevante? E se la Russia volesse «solo affermare il suo primato imperialista sull'Europa in perfetta osmosi con gli americani»[40] alla faccia dei "soggetti radicali" pronti a bersi la storiella che «il progresso dell'esercito russo è lento perché le nostre truppe hanno ricevuto l'ordine di non colpire i civili», mentre «i civili sono colpiti dai nazionalisti ucraini per dare la colpa ai russi»[41] come affermato da qualcuno?

Domande lecite che servono, innanzitutto, per iniziare a rompere le bolle in cui molti sono imprigionati visto che il mondo *online* «ha dato alle persone accesso a una quantità di informazione sterminata, ma allo stesso tempo ha creato il problema di come poter selezionare ciò che è rilevante e utile per ciascuno»[42].

Un problema che si risolve, prima di tutto, non dimenticando che senza continua verifica e accertamento le versioni ufficiali, da qualsiasi parte vengano, rischiano di ipostatizzarsi, diventando «dogma, ideologia dogmatica»[43]. Di cui proprio non c'è bisogno, se si vuole capire, davvero, dove sta andando la geopolitica del (dis)ordine mondiale.

---

[38] R. Smits, *L'enigma della mano sinistra: storia del mancinismo*, Bologna, Odoya, 2013.

[39] E. Grazzini, *Guerra in Ucraina: o l'Ue abbandona Maastricht o si disintegra*, in «Micromega», del 21 febbraio 2022.

[40] Alzo Zero, *Fuori tutti dall'Europa!*, in «KulturaEuropa», del 6 aprile 2022.

[41] AA.VV., *Guerra Ucraina, dalla caccia alle lobby gay al satanismo: tutte le motivazioni più assurde*, in «Il Giorno», del 22 marzo 2022.

[42] G.A. Veltri, *La post verità è una bolla*, in «Il Foglio», del 4 giugno 2017.

[43] P. Simoncelli, *Revisionismo. Breve seminario per discuterne*, Bari, Cacucci, 2015, p. 18.

POSTFAZIONE

La radice di tutti i mali: l'economia come ideologia

«Lo sviluppo economico è diventato una finalità a sé, sconnessa da ogni fine sociale». Lo scrissero Bernard Perret e Guy Roustang in tempi non sospetti, nel 1993[1]. Oggi come ieri è un'affermazione più che condivisibile volta a mettere in guardia sul fatto che da "mezzo", l'economia stesse divenendo sempre più un "fine".

In effetti basta guardarci alle spalle in senso cronologico: nei trent'anni della globalizzazione l'economia è divenuta molto di più che una semplice forma di conoscenza di alcuni fenomeni sociali. Essa si è fatta "tecnica economica", allontanandosi anni luce dai postulati classici di quella che, per l'appunto, era l'economia "politica".

Nella società massificata del Terzo millennio la *logica economica* è diventata la mentalità corrente e imperante che ha finito per orientare i rapporti sociali, uniformare il senso comune, emarginare la morale e ogni forma sociale.

Il combinato disposto dalla globalizzazione e dal neoliberismo ha trasformato *l'economia in ideologia*. Essa, infatti, ha perso la sua originaria e naturale vocazione di «problema di dislocazione delle risorse» per divenire una logica per la gestione societaria. In tal modo si è evoluta pericolosamente in una concezione del mondo *univoca* e in una tecnica di *controllo* e di *dominio*.

---

[1] B. Perret, G. Roustang, *L'Économie contre la société. Affronter la crise de l'integration sociale et culturelle*, Parigi, Editions du Seuil, 1993.

L'*economia come ideologia* è dunque definibile come la pretesa dell'economia di esercitare il predominio sulla cultura e sulla politica imponendo su di esse il suo modo di "pensare la realtà". Ciò poteva avere delle conseguenze "arginabili" finché la società avesse continuato ad essere un insieme relativamente omogeneo con un forte contenuto *comunitario*. Ma le migrazioni interne al "villaggio globale" e l'alienazione tecnologica hanno "liberato" il contenuto ideologico presente – fin dalle origini – nelle teorie economiche dal condizionamento dei fatti e dai limiti imposti dal sociale.

Per questo, come scrisse Jean Baudrillard[2] l'economia – dopo il crollo del Muro di Berlino – è entrata nella «sua fase estetica e delirante» e da veicolo delle ideologie che si sono combattute tra loro durante la "Guerra fredda" è divenuta essa stessa "ideologia" costruendo una filosofia sociale propria dandosi, come è accaduto, una veste normativa.

L'economia è passata così dalla sfera privata a quella pubblica e si è assunta il compito di segnare la strada per dare risposta alle attese del mondo forzatamente globalizzato. Tali risposte sono passate tutte per un radicale cambiamento della natura dei rapporti sociali, per quell'«oggettivazione dello scambio» – per dirla con Simmel – che elimina con un colpo di forbice ogni componente emozionale o istintuale da questi rapporti prescrivendo che essi debbano essere organizzati per dare alla realtà un assetto stabile e al mutamento un indirizzo prevedibile: quello che sta accadendo nella nostra società "grazie" all'emergenza sanitaria è la cartina di tornasole di questa *mutazione genetica* dell'*economia in ideologia*.

Abbiamo assistito – distratti, più che impotenti – all'*economia come tecnica economica* che si è sostituita senza fretta ma senza tregua all'*economia come forma di conoscenza* di

---

[2] J. Baudrillard, *La transparence du mal*, cit., p. 42.

uno degli aspetti del sociale. Da ciò si è originato un potere senza più controllo ed uno stile di vita fondato solo sull'interesse e sul calcolo che inevitabilmente ha lacerato le fondamenta del legame sociale.

L'elemento emozionale e "pre-razionale" della vita individuale è stato sradicato e oggi ci troviamo con le radici recise: il deserto culturale, la socializzazione della cultura, la messa in liquidazione dell'intera cultura di tradizione umanistica sono solo alcuni degli effetti più devastanti del processo di de-costruzione e ri-costruzione del mondo globalizzato nell'ultimo trentennio.

Oggi più che mai, dunque, serve necessariamente *un pensiero*, alternativo a questo schema impostoci coercitivamente che sappia recuperare il senso della *nostra storia*, della storia della *cultura moderna*. Un senso legato – com'è da sempre e indissolubilmente – alla liberazione dai confini del presente entro i quali la mentalità economicistica del neoliberismo globalizzante e la razionalità strumentale ci hanno richiuso. Una strada certamente in salita, ma l'unica da imboccare e percorrere.

Grazie per l'acquisto!

Lascia una recensione su Amazon se il libro ti è piaciuto e
scrivimi se hai suggerimenti!

LARSENEDIZIONI.COM

Potrebbe piacerti anche..

Guido Dalla Casa

Verso un Nuovo Mondo
La trilogia

Un emozionante raccolta di articoli sul tema dell'ambiente e sulle sfide che siamo tenuti ad affrontare, al di là di sterili slogan ed imposture politiche. Uno dei maggiori esperti di Ecologia Profonda, già autore di vari testi in merito, ci accompagna in un nuovo libro illuminante e affascinante sul nostro futuro.

Theodore John Kaczynski

La società industriale ed il suo futuro, Manifesto di Unabomber

Edizione Italiana Integrale

Scritto da un genio matematico senza pari, per quasi 20 anni braccato dalle più potenti agenzie di intelligence al mondo. L'attualità spaventosa di un capolavoro.
Il manifesto contro il mondo tecnologico più famoso di sempre.
Dopo aver letto questo libro, la tua visione del progresso tecnologico sarà completamente diversa.